어떤 대통령이 좋은 대통령인가

시민을 구하는 대통령 안내서

신원철 지음

원더박스

해방 후 80년, 그동안 대한민국은 놀라운 발전을 이루었다. 6.25전쟁 직후 1인당 국민소득이 65달러에 불과한 세계 최빈국에서 이제는 3만 6000달러가 넘는 세계 10대 경제 강국이 되었다. 식민지에서 출발한 다른 많은 국가들 중 산업화와 민주화를 동시에 달성하고, 자신을 식민 지배한 국가보다 1인당 국민소득이 더 높은 건 한국이 유일하다.

 그러나 같은 기간에 한국을 이끈 대통령은 어떠했는가? 탄핵당한 대통령이 2명이고, 뇌물과 비리로 감옥에 간 대통령이 4명이며, 암살 또는 자살로 생을 마감한 대통령이 2명이다! 비참한 끝을 맞이하거나 초라하게 물러난 경우가 다수이며, 퇴임 후 끝까지 국민의 존경을 받은 대통령은 없다시피 하다. 산업화와 민주화를 달성한 위대한 국민이 대통령 선거에서는 여러 차례 무능하거나 불량한 대통령을 뽑았다는 이야기다. 최근 10년 동안만 봐도 2명의 대통령이 탄핵되고 감옥에 갔으니 과거의 일만도 아니다.

 왜 우리는 그동안 이렇게 불량한 대통령을 뽑았는가? 유권자들이 대통령을 판단하는 합리적이고 객관적인 기준 없이 진영 논리에 매몰되거나 감정적으로 반응하여 편파적으로 지지하고 투표하는 실수를 범했기 때문이다. 1차적으로는 불량한 대통령 본인이 문제지만, 어쩌면 이런 대통령을 뽑은 유권자에게 더 큰 문제가 있는지도 모른다. 이런 불행한 역사를 다시는 반복하지 않으려면 국민이 대통령을 뽑는 방식이 달라져야 한다. 대통령에게 어떤 자질과 역량이 필요한지 명확하게 인식하고 합리적인 평가기준 아래 선거에 임해야 한다. '어떤 정치인이 대통령에 적합한가?'에 대한 실질적인 고민이 우리에게 필요하다.

이 책은 대통령의 '정치적 자질'과 '리더십 역량'이라는 두 가지 기준을 가지고 역대 대통령을 정량적으로 평가하고자 한다. 어떤 대통령이 대한민국의 성장과 국민의 삶의 질 향상에 기여했는지 살펴보고, 그의 자질과 역량이 거기에 영향을 끼쳤는지 분석한다. 물론 대통령의 성공과 실패에는 여러 상황적 조건이 개입한다. 그렇지만 이 책에서는 개인에게 초점을 맞추어서, 성공했다고 평가받는 업적이 본인의 역량이나 의지에 의해 달성된 것인지, 아니면 주변 환경이 좋아서 자연스럽게 달성된 것인지, 혹은 실패한 정책이 본인의 자질이나 역량 부족 때문인지, 아니면 누가 수행하더라도 실패할 수밖에 없던 것인지를 구분하였다. 그럼으로써 개인의 자질과 역량을 객관적으로 평가하려고 시도하였다.

필자는 어린 시절부터 국가를 위해 일하는 정치인이 되는 것이 꿈이었다. 대학에서 정치외교학을 전공했고, 첫 직장인 삼성에서 5년째 근무하던 중 친구의 권유를 받고 이종찬 국회의원 비서관이 되었다. 이후 10여 년 동안 정치권에 몸을 담으며 여러 일을 하였다. 정치권에 있는 동안 통상적인 국회 활동 외에 김대중 후보 선대본부장 보좌관과 대통령직 인수위원장 보좌관으로서 IMF사태라는 국가 위기 상황에서 정권교체 업무에 참여했고, 국가정보원장 비서관이 되어 미국, 영국, 프랑스, 독일, 이스라엘의 정보기관을 방문하면서 당시 선진국이 어떻게 정보를 수집하고 관리하는지 보았다. 30대에 고위공무원까지 올라가며 비교적 많은 경험을 하였고, 성공과 실패도 여러 번 겪어보았다. 하지만 결국 나의 정치적 자질과 역량이 부족함을 깨닫고 정치권을 떠나게 되었다.

　이후 방황의 시간을 보내다가 친구의 소개로 헤이컨설팅사라는 미국계 인사컨설팅 회사에 근무하면서 인생의 전환점을 맞았다. 헤이컨설팅사는 HR 분야에서 세계 최고 수준의 권위를 가진 회사

중 한 곳인데, 이곳에서 나의 역량과 리더십 진단을 해보고 충격을 받았다. 결과보고서에는 내가 어떤 사람이며, 잘할 수 있는 일과 잘할 수 없는 일이 무엇이고, 왜 그러한지가 적혀 있었다. '그동안 부처님 손바닥 안에서 놀았구나!' 하는 깨달음이 왔다.

그때부터 리더십과 역량에 관해 파고들기 시작했다. 정치인이 되려는 꿈을 접고 20년 동안 이 분야에 매진하여 2000여 명의 대기업 임직원과 고위공무원을 평가하고, 대기업의 인재개발원과 국가공무원 인재개발원, 지방자치 인재개발원 등에서 수천 명을 교육하며 역량 평가와 역량 계발 관련 노하우를 축적하였다. 그러면서 확실히 느끼고 배운 것은 평가 항목과 기준만 정확하게 정리하면 누구든 객관적이고 합리적으로 평가할 수 있다는 사실이다.

2022년 대선에서 과거에 모셨던 분과의 인연으로 윤석열 후보 측 선거운동에 참여하였는데, 그동안의 경험으로 정치와 사람을 새로운 시각에서 볼 수 있었다. 내가 직간접으로 만난 한국의 지도자급 인사들의 장단점과 한계가 새롭게 보였고, 개인적인 호오와 친연 관계를 떠나서 객관적으로 평가할 수 있었다. 선거 이후, 그동안 정치와 인사 및 심리 분야에서 쌓은 지식과 경험을 바탕으로 대통령을 비롯한 정치인을 평가하는 방법을 정리하는 것이 나의 역할이라는 생각이 들었다. 그렇게 이 책을 준비하기 시작했다.

자료를 모으면서 주변 전문가들에게 많은 자문과 조언을 구했는데, 그럴 때마다 이런 질문들이 되돌아왔다. "대통령을 객관적으로 평가하는 것이 가능한가?" "정치·인사·심리 측면에서 종합적으로 분석해야 하는데 그것이 가능한가?" 또 이 책을 쓰는 것은 무리이고 위험할 수 있으니 집필하지 말라는 부정적 조언과 우리 사회에 꼭 필요하고 정치와 심리를 모두 전공하고 경험한 당신이 쓸 수 있는 책이니 반드시 내라는 격려도 많이 들었다. 과연 이 무겁고 어려운 주제로 책을 쓸 수 있을지 걱정이 컸지만, 오래 고민한 끝에 집필을 결심하였다. 부족함이 있겠지만, 이런 시도가 편파적인 진영 논리에서 벗어나 정치인을 합리적이고 객관적으로 평가하는 정치문화가 만들어지는 데 기여하길 바라는 마음이다.

최대한 합리적이고 객관적인 기준을 제시하고 이에 맞춰서 평가하려고 노력했지만, 평가 내용과 점수에 대하여 다른 의견이 가능하다고 생각한다. 필자가 제시한 기준과 평가가 무조건 옳다고는 생각지 않는다. 독자들께 당부드리건대, 이 책에 나오는 평가 항목의 내용과 기준을 이해한 뒤 역대 대통령을 각자 평가해보시길 바란다. 그렇게 하는 것이 이 책의 가장 좋은 활용법이다. 또는 본인이 생각하는 평가 항목과 기준을 만들어서 평가해보는 것도 좋겠다.

　　모든 대통령을 동일한 평가 항목과 기준으로 평가해보면 평소 막연하게 생각했던 것과 다른 결과가 나올 수도 있다. 필자 역시 동일한 기준으로 역대 대통령을 평가해보았는데, 이전까지 갖고 있던 생각과 다른 결과가 나왔다. 뜻밖이었지만 대통령을 바라보는 새로운 눈을 뜬 것 같아 기쁜 마음이 컸다. 중요한 건 '내로남불' 식으로 이랬다저랬다 하지 않고 객관적으로 평가하는 것임을 다시 한번 강조한다.

대통령 선거가 다가오고 있다. 국내외의 여러 전문가들이 한국이 경제적으로 장기침체와 저성장의 늪에 빠졌다고 하며, 혼돈의 국제정세 속에서 위기가 닥칠 것이라고 말한다. 위중한 시기인 만큼 21세기 대한민국을 이끌어갈 대통령을 더욱 신중하게 뽑아야 한다. 대통령을 선택하는 국민과 국가 지도자를 꿈꾸는 정치인에게 이 책이 유의미한 기준을 제시할 수 있다면 더 바랄 게 없겠다.

끝으로 책이 출판될 수 있도록 도움을 주신 원더박스 출판사와 항상 고생하며 지원해준 아내에게 깊은 감사의 마음을 전한다. 앞으로도 더 훌륭한 분들이 이 분야에 힘을 기울여서, 정치인을 바라보는 더 객관적이고 더 합리적인 기준이 국민 모두의 마음에 상식으로 자리 잡기를 바란다.

1장

어떻게 대통령을
평가할 것인가

여러분은 어떤 기준을 갖고 사람을 선택하는가? 컨설턴트 자격으로 회사에서 채용 면접관 역할을 하는 분들을 만날 일이 많았는데, 신입사원이나 경력사원을 어떤 기준으로 뽑는지 인터뷰한 결과, 체계화된 평가 교육을 받은 적 없는 사람은 대부분 자기와 비슷한 타입 또는 자기가 좋아하는 타입을 뽑는 경향이 있다는 걸 알 수 있었다. 그러면서 그들은 대개 자신이 사람을 잘 볼 줄 안다고 자부했다. 재미있는 사실은 면접관들이 서로 다른 지원자를 선택하면서 저마다 자신이 제대로 평가했다고 주장한다는 것이다. 각자 중시하는 평가기준이 제각각이었으니 이는 당연한 결과다. 예를 들면 어떤 이는 '인간성과 성실성'이 중요하다고 하고, 또 어떤 이는 '전문성과 경력'이 중요하다고 하며, '적극성과 의지', '성격과 인간관계'를 중시하는 사람도 있다. 평가기준이 그렇게 다양한 것은 각자의 경험, 학습 등이 다르기 때문일 것이다. 그에 따라 저마다의 타당성도 있을 것이다. 하지만 이렇게 주관적인 평가에서 타당도와 신뢰도를 찾기는 쉽지 않다. 솔직히 속으로 제비뽑기가 더 나을 수도 있겠다고 생각한 적이 한두 번이 아니었다. 그들에게 연구를 통해 정립된 평가 항목과 기준을 제공하여도 별 소용이 없었다. 훈련이 안 된 평가자들은 경험에 기반한 자기의 주관적 판단을 계속 믿는 경우가 더 많았다.

이러한 경향은 정치인을 뽑는 선거에서도 똑같이 관찰된다. 선거 전후로 사람들을 만나 '누구를 지지하며, 그 기준은 무엇'이냐고

물으면 백이면 백 자신만의 기준을 들어 지지하는 사람을 말한다. 민의를 대표해 나라를 운영하는 중요한 자리에 오를 사람을 뽑을 때조차 연구조사를 거쳐 타당성이 인정된 평가기준이 작동하는 경우는 거의 없다. 대통령을 선택할 때도 마찬가지다. "대통령을 선출할 때 무엇을 판단기준으로 하는가?" "대통령이 일을 잘했다고 칭찬하거나 혹은 잘못했다고 비판할 때 판단기준은 무엇인가?" 당신은 이 물음에 무어라고 답하겠는가? 각자의 판단기준이 있겠지만 그것이 얼마나 합리적이고 객관적일까? 사람이든 업적이든 무엇인가를 평가할 때는 평가 방법과 기준이 타당하고 설득력이 있어야 한다. 그럴 때 비로소 누구나 합리적인 평가였다고 인정할 수 있다. 그리고 그런 방법과 기준이 정립될 때 정치에서 희망을 기대할 수 있을 것이다.

필자가 이 책에서 사용할 평가기준을 언급하기에 앞서 지금까지 국내외에서 자주 사용되어온 대통령 평가방법과 그것의 한계를 간단히 살펴보겠다. 대통령 평가에는 크게 세 가지 방법이 주로 사용되고 있다.

첫째, 대통령들의 성격이나 리더십 스타일을 유형별로 구분하여 각자의 특징을 분석하고 평가하는 것으로, 주로 학계와 학위논문에서 많이 사용하고 있다. 예를 들어 이 분야의 전문가인 듀크 대학의 제임스 바버(James D. Barber) 교수는 대통령의 성격을 적극적 긍정형, 소극적 긍정형, 적극적 부정형, 소극적 부정형의 4가지로 구분하여 각 유형의 특징과 업무 스타일을 분석하였다. 이 방법은 대통령이 향후 어떤 방식으로 일을 처리할지는 예측하게 해주지만, 대통령이 일을 얼마나 잘하고 잘못했는지는 파악할 수 있게는 해주지 않는다.

둘째, 임기 중에 있었던 정책과 사건 등을 객관적으로 서술하고 평가하는 것이다. 이는 평가라기보다 보고서나 실록 작성에 유용하며 자주 쓰이는 방식이다. 이를 통해 대통령이 무엇을 했는지는 정확하게 파악할 수 있지만, 그것이 훌륭한 업적이었는지 아니면 잘못된 선택이었는지를 평가하는 데는 한계가 있다. 또한 그것이 대통령 개인의 역량에 의해 이루어졌는지 아니면 주변 환경에 의해 자연스럽게 도출된 것인지도 파악하기 힘들다. 이 방법으로는 어느 대통령이 더 훌륭한 대통령인지도 가늠할 수 없다.

셋째, 대통령 개인의 자질과 태도, 임기 중의 정책이나 사건 처리 등에 대하여 일정한 평가 항목과 기준을 갖고 전문가 설문조사를 통해서 대통령을 평가하는 것이다. 미국 대통령 평가에서 많이 사용되는 이 방법은 누가 임기 중에 훌륭한 업적을 이루었는지 또 누가 더 일을 잘했는지를 평가하고 순위를 정하고자 할 때 유용하다. 하지만 대통령의 업적이 개인의 리더십 역량에 의한 것인지 아니면 주변 상황이 좋아서 이루어진 것인지를 판단하기는 어렵다. 또한 동일한 평가 항목과 기준을 적용한다 하더라도 설문조사 시기와 전문가 그룹 구성에 따라서 다른 결과가 나오기도 한다. 이 방법의 전문가인 하버드대학교의 아서 슐레진저(Arthur M. Schlesinger) 교수가 1948년에 처음 조사를 실시한 이래 여러 학자와 기관이 이 방법을 이용해 대통령을 평가했다. 이 방식에서는 평가 항목과 기준을 어떻게 정하느냐가 매우 중요한데, 항목을 무엇으로 정하느냐에 따라서 대통령의 순위가 바뀌는 경우가 자주 나타난다.

이 책에서는 새로운 접근법을 택하여 임기 중 주요 정책과 사건을 중심으로 대통령이 어떻게 계획하고 처리했는가를 살펴보면서 대통령 개인의 '정치적 자질'과 '리더십 역량'의 관점에서 분석하고 평가하였다. 앞의 평가 방법들과 비교할 때 가장 큰 차이점은 성공한 업적이나 실패한 업적이 본인의 역량이나 의지에 의한 것인지, 아니면 상황에 따른 것인지 중점 분석하여 평가에 반영했다는 점이다. 즉 업적의 결과보다 과정을 중심으로 대통령 개인의 정치적 자질과 리더십 역량을 분석하였다.

정치적 자질 평가는 국가 지도자로서 기본적인 소양이나 성품, 사명의식을 얼마나 갖추었는지 보는 것이다. 이 영역이 우수한 경우에 국민이 대통령을 인격적으로 존경하고 훌륭한 인물로 평가할 것이다. 리더십 역량 평가는 국가 지도자로서 얼마나 일을 잘할 가능성이 높은가를 보는 것이다. 즉 대통령이 국가안보와 경제성장에 기여하고 국민 삶의 질을 향상시킬 수 있는 능력이 어느 정도 되는지 보는 것이다. 이 평가에서는 개인의 성품이나 국내외 환경 조건은 최대한 배제한다. 두 가지 요인에 대한 설명과 하위 개념은 다음 장에서 자세히 설명하겠다.

위의 두 가지 관점에서 대통령을 평가하면 독자 여러분도 역대 대통령과 현재의 정치 지도자들을 쉽게 객관적으로 평가할 수 있을 것이다. 정치적 자질과 리더십 역량을 기준으로 평가를 하면 크게 다음과 같이 네 가지 유형으로 대통령을 나눌 수 있다. 독자 여러분의 이해를 돕고자 예시와 함께 설명한다.

정치적 자질도 좋고 리더십 역량도 우수한 경우

이런 정치 지도자는 임기 중에 여러 성과를 거두고 퇴임 후에 국민으로부터 존경받으며 역사에 위대한 대통령으로 기록될 가능성이 매우 높다. 국부라고 불리는 지도자가 이런 유형인 경우가 많은데 프랑스의 샤를 드골이 대표적이라고 할 수 있다.

드골은 1940년 프랑스 정부가 나치 독일에 항복하자 영국으로 망명하여 '자유 프랑스 운동'을 조직하고 프랑스 국민에게 저항할 것을 호소하였다. 그리고 '레지스탕스 전국회의'라는 통합조직을 창설하여 미영 연합군을 지원했다. 이로 인해 자유 프랑스는 연합국의 일원으로 인정받고 제2차 세계대전 후에 승전국의 지위를 얻을 수 있었다. 드골은 전후 제헌의회 총리가 되었지만, 좌우파의 대립으로 입지가 흔들리자 은퇴하였다. 1958년 프랑스 정부가 식민지 정책에서 실패하며 정치적 혼란이 심각해지자 군부와 국민은 드골의 정계 복귀를 요구했다. 드골은 강력한 대통령제 도입을 조건으로 정치에 복귀하여 제5공화국을 수립하였다. 집권 후 핵무기를 개발하고 미소 냉전체제에서 독자적인 외교노선을 추구하며 프랑스의 국제적 위상을 강화하였고, 사회보장제도를 정비하고 경제발전을 이루었다. 그는 자신이 죽으면 가족과 가까운 이들만 참석하여 장례를 조촐하게 치르고 동상은 건립하지 말며 묘비에는 이름과 생몰 연도만 기록하라는 유언을 남겼는데, 실제로 그의 장례는 가족장으로 조촐하게 치러졌고 묘비에는 '샤를 드골 1890~1970'만 새겨져 있다. 동상도 건립하지 않았으나, 2000년 국민의 강력한 요청에 유족들이 동의하여 사후 30년 만에 샹젤리제 거리에 드골의 동상이 건립되었다.

정치적 자질은 좋으나 리더십 역량이 부족한 경우

이런 정치 지도자는 임기 중에 훌륭한 업적을 남길 가능성이 적으며 무능한 대통령으로 평가받을 가능성이 높지만, 퇴임 후에는 어느 정도 국민의 존경을 받을 가능성이 있다. 대표적인 경우로 미국의 지미 카터를 들 수 있다.

카터는 임기 중에 인권외교를 너무 중시하여 일부 동맹국들과 갈등을 일으켰다. 이로 인해 소련의 팽창을 막지 못하고 이란 인질사태 해결에 실패하여 국제적으로 미국의 힘이 약해졌다. 오일쇼크에도 제대로 대처하지 못하여 미국의 인플레이션과 실업률이 급등했다. 이런 까닭에 카터는 무능하다는 평가를 받았고, 결국 대선에서 레이건에게 대패하며 재선에 실패하였다. 그러나 퇴임 후 아프리카의 질병 퇴치 운동, 환경보호와 저소득층 주택 봉사 활동 등을 활발히 진행하였고, 민주주의 촉진, 인권 보호, 국제분쟁 해결 등의 공로를 인정받아 노벨평화상을 수상하였다. 그는 '역사상 가장 존경받는 전직 대통령'으로 평가받는다.

정치적 자질은 부족하지만 리더십 역량이 우수한 경우

이런 정치 지도자는 임기 중 여러 업적을 달성하고 국가경쟁력을 높일 가능성이 상대적으로 높지만, 임기 말에 국정운영에 어려움을 겪거나 퇴임 후에 독재자 내지는 부패한 인물로 평가되어 존경과 비판을 동시에 받을 가능성이 높다. 대표적인 인물로는 스페인의 프란시스코 프랑코가 있다.

프랑코는 1930년대 스페인 제2공화국이 극심한 좌우대립으로 혼란한 상황에서 쿠데타를 일으켰다. 나치 독일과 이탈리아의 도움을 받은 그는 4년간 지속된 내전에서 승리하여 집권하였다. 이후 독일의 참전 요청을 거부하며 제2차 세계대전에 참전하지 않고 국가안보와 국민의 생명을 지켰으며, 전후에는 갈등 관계였던 미국 등 서방 진영과 경제 및 군사 관계를 개선하면서 1960년대 '스페인의 기적'이라 불리는 경제성장을 이루었다. 그러나 36년의 통치 기간 강력한 군사독재를 실시하여 국민의 기본 인권을 말살하고 스페인의 다양한 지역문화를 탄압한 일 등은 현재도 비판받고 있다. 그는 혼란한 상황에서 국가안보를 지키고 경제발전을 이룩했다는 긍정적 평가와 함께 스페인의 민주주의와 인권을 짓밟은 군사독재자라는 부정적 평가를 역사가와 국민에게서 동시에 받고 있다.

정치적 자질도 부족하고 리더십 역량도 부족한 경우

이런 지도자는 임기 중 여러 정책에서 실패할 가능성과, 임기 중에 쫓겨나거나 퇴임 후에 부정적 평가를 받을 가능성이 매우 높다. 여기에 해당하는 인물로는 미국의 제15대 대통령 제임스 뷰캐넌, 제17대 대통령 앤드류 존슨, 제29대 대통령 워런 하딩 등이 있다. 이들은 미국의 전문가 여론조사에서 항상 최하점의 평가를 받는다.

제임스 뷰캐넌은 남부 7개 주가 연방을 탈퇴하는데도 아무 대응을 하지 않고 자신의 안위만 생각하고 아무런 대응을 하지 않아 남북전쟁을 유발시켰다. 앤드류 존슨은 남북전쟁 후 남부 개혁 미루고 의회 갈등을 겪다가 1표 차이로 간신히 탄핵이 부결된 대통령이다. 둘 다 무능한 대통령의 대명사로 알려져 있다. 그리고 워런 하딩은 임기 중 발생한 정부 차원의 부정부패가 미국 역사상 가장 많아 가장 부패하고 무능하다고 평가받는 대통령이다.

평가 항목과 기준을 정확하게 정의하고 만들었다 하더라도 대통령의 업적이나 과오를 분석하고 평가하면서 몇 가지 고민하게 되는 이슈들이 있다.

첫째, 본인의 역할 및 주변 상황과 관련한 부분이다. 임기 중의 업적이나 과오가 본인의 의지와 역할에 의한 것인가, 아니면 특별한 역할을 하지 않았는데 상황과 조건 때문에 그렇게 된 것인가? 한국 대통령들의 사례를 들면 이승만의 농지개혁, 노태우의 북방외교 정책, 김영삼의 군부개혁, 김영삼의 IMF사태, 문재인의 코로나 극복 등을 평가할 때 대통령의 역할과 책임이 얼마나 되는지는 잘 따져보아야 한다.

둘째, 시기와 관련한 부분이다. 난세에 영웅이 나온다는 말처럼 시기에 따라서 영웅(또는 원흉)으로 평가받을 수도 있고, 조용히 임기를 마칠 수도 있다. 역사에서 존경받는 인물들은 주로 전쟁이나 경제공황 같은 위기 상황이 발생했을 때 이를 해결하는 과정에서 나왔다. 반대로 자질도 우수하고 역량이 뛰어난 지도자라 할지라도 임기 중에 국내외에 특별한 사건이 없어서 국민이 별다른 불편을 못 느끼고 지냈다면 그냥 무난한 인물로 기억될 것이다. 어쩌면 진짜 훌륭한 지도자는 위기 상황이나 복잡한 문제가 일어나지 않도록 사전에 조치하여 사람들이 특별한 문제가 있다는 걸 알아차리지 못하고 큰 불편이나 불만 없이 지내도록 하는 인물인지도 모른다. 이런 경우라면 국민은 지도자가 참으로 위대했다는 것을 깨닫지 못할 것이다.

셋째, 대통령 임기와 관련한 부분이다. 예를 들어 18년 재임한 대통령과 5년간 재임한 대통령의 업적을 어떻게 비교하고 평가할 것인가 하는 부분이다. 박정희나 이승만이 5년만 집권했더라면 지금 어떤 지도자로 기억되고 있을까? 또 김대중이나 노무현이 10년 이상을 집권했다면 어떤 평가를 받았을까 하는 의문이 든다.

넷째, 과거와 현재의 달라진 사회구조에 대한 부분이다. 한국은 다른 어떤 나라보다도 사회가 빠르게 성장하고 변화하였다. 국정 목표와 경제발전 항목이 비교적 단순했던 과거에 비하여 현재 한국은 단순 비교가 불가능할 만큼 국민의 요구사항이 폭발적으로 늘었고 사회가 매우 복잡해졌다. 이에 따라 21세기의 대통령은 이전 대통령에 비해 훌륭하다는 평가를 받기가 불리해졌다. 미국의 사례를 보더라도 위대하다고 평가받는 대통령은 거의 제2차 세계대전 이전 대통령들이고, 이후의 대통령은 10위 안에 드는 경우가 드물다.

다시 한번 강조하지만 이 책에서는 객관적이고 일관된 평가를 위해 개인의 정치적 자질과 리더십 역량만을 기준으로 대통령들을 평가한다. 다음 장에서는 정치적 자질과 리더십 역량의 세부 항목들을 자세히 살펴보면서 대통령에게 요구되는 조건이 무엇인지 정리해보겠다.

2장

대통령을 평가하는 두 가지 기준: 정치적 자질과 리더십 역량

이제 대통령의 평가 항목인 정치적 자질과 리더십 역량은 구체적으로 무엇이며, 왜 이 두 가지가 대통령에게 요구되는지를 본격적으로 알아보자.

'자질'이란 선천적인 영향이 강하며 성품이나 소양 등과 관계가 깊다. 이는 상당히 주관적인 항목으로 정량적 평가가 매우 어렵다. 그렇지만 일반적인 자질이 아니라 특정 영역에 대한 자질은 어느 정도 평가가 가능하다. 이 책에서 다루는 정치적 자질도 마찬가지다. 정치적 자질은 여러 가지 구성요소로 이뤄지는데, 이 책에서는 세 가지에 초점을 맞추어 대통령의 생애와 재임 중 활동을 중심으로 평가하였다. 첫째, 시대정신을 올바로 인식하고 있는가? 둘째, 시대정신에 기반하여 국정운영의 비전을 제대로 제시하고 실천하였는가? 셋째, 국가 지도자로서 국민의 존경을 받을 수 있는 도덕성을 얼마나 갖추고 있으며 어떻게 실천하였는가?

역량 평가란 업무와 관련하여 성과를 창출할 가능성이 얼마나 높은가를 분석하는 것이다. 세부 행동 지표와 척도를 만들면 객관적 평가와 수치화가 가능한데, 이 책에서는 리더십 측면에서 대통령에게 필요한 10가지 역량을 뽑고 재임 중 정책 추진과 사건 처리 과정을 살펴보며 어느 역량이 높고 어느 역량이 낮은가를 평가하였다. 이를 분석하면 대통령이 국가 지도자로서 안보를 지키고 국민 삶의 질을 향상시키는 능력이 어느 정도 수준인지 평가하고, 대통령이 재임 중 추진한 정책이 성공한 이유와 실패한 이유를 파악할 수 있다.

1. 정치적 자질

정치적 자질은 시대정신, 국정비전, 도덕성을 중심으로 이루어진다.

'시대정신'이란 특정 시대를 특징짓는 정신적·사회적 기조로서, 대중들이 중요하게 생각하는 가치관, 세계관, 문화 등을 일컫는다. 정치적 측면에서는 국제 정치와 경제의 흐름과 국민의 욕구를 정확히 이해하고 수용해야 하며, 올바른 역사의식을 갖추고 있어야 한다. 시대정신은 시대의 흐름을 이해하고 미래를 예측하는 데 중요한 단서를 제공하므로, 대통령은 올바른 시대정신을 갖추고서 급변하는 정세 속에서 국가가 나아갈 방향을 제시해야 한다. 시대정신에 대한 평가는 수치화하는 것이 거의 불가능하기 때문에 우수, 보통, 미흡, 부족의 4단계로 구분한다.

'국정비전'이란 시대정신을 달성하기 위해 국가가 나아갈 방향과 목표를 구체적으로 제시하는 것으로, '국정 청사진'이라는 말로 표현되고는 한다. 이는 선거공약과는 구분되며, 국민은 국정비전을 바탕으로 정부의 정책 방향을 이해하고 지지 또는 비판을 할 수 있다. 국정비전에는 대통령의 임기 내에 어느 정도 달성 가능한 구체적이고 세부적인 목표와 전략이 포함되어야 하며, 그를 통해 국민의 신뢰와 협력을 이끌어낼 수 있어야 한다.

'도덕성'은 국가 지도자에게 최우선으로 요구되는 매우 중요한 조건이다. 단 그 개념과 평가기준이 매우 주관적·관념적이며, 나라에 따라 큰 차이를 보이기도 한다. 예를 들어 국가수반의 해외 출장 비용을 세세하게 공개하거나, 정치인의 숙박비를 친구가 대신 결제했다는 이유로 사임하게 만드는 일부 서구 국가의 기준을 엄격하게 적용한다면, 대한민국의 역대 대통령 가운데 그 누구도 비판을 피할 수 없을 것이다. 따라서 이 책에서는 한국민의 눈높이에 맞추어 '민주주의 수호'와 '인권 탄압' 수준 및 '개인 비리'와 '부정부패'에 한정하여 도덕성을 분석하고 평가한다.

덧붙이자면 시대정신, 국정비전, 도덕성이 부족한 경우 대통령의 신념과 의지는 '국가 지도자로서의 권력욕구'라기보다는 '개인의 탐욕적인 권력욕구'라고 판단할 수 있다.

2. 리더십 역량

역량(Competency)이란 한마디로 '일을 잘할 수 있는 능력'이라 할 수 있다. 리더급 인사에 대한 역량 평가는 여러 선진국에서 다양하게 활용되고 있으며, 국내에서도 간부급 공무원 승진, 대기업 임원 선발과 승진 및 배치에 많이 활용된다. 인사 부문에서 역량 평가를 할 때는 환경 조건이나 과거 업적과 구분하여 개인의 역량만을 평가하는데, 이 책에서도 그렇게 할 것이다.

행동심리학에서는 인간의 역량을 20여 가지로 구분하고 있다. 이 책에서는 이 중 국가 지도자에게 반드시 요구되는 역량을 인지 영역(Thinking), 업무 영역(Working), 관계감성 영역(Relating)의 세 영역으로 나누어 총 10가지를 선정하였다.

인류는 오래전부터 인간의 성향이나 역량을 세 가지로 구분하면서 각 영역이 서로 별도의 특성을 갖고 있다고 생각하였다. 그리고 어느 영역이 상대적으로 더 발달했는가에 따라서 개인이 잘할 수 있는 일과 잘할 수 없는 일이 있다고 보았다. 예컨대 동양에서는 장군을 구분할 때, 인지 영역이 발달한 장군을 지장(智將), 업무 영역이 발달한 장군을 용장(龍將), 관계감성 영역이 발달할 장군을 덕장(德將)이라고 불렀다. 이 세 영역이 한 개인 안에서 적절히 균형을 이루어야 한다는 관점도 오래전부터 존재했는데, 예를 들어 고대 그리스의 철학자 아리스토텔레스는 인간이 행복을 이루기 위해서는 지덕체(智德體) 세 영역의 교육이 필요하다고 생각했다.

이제 이 책에서 다루는 세 개 영역의 특징을 구분하여 좀 더 자세히 설명하겠다.

'인지 영역'은 사고력과 관련한 부분으로 이 영역이 발달한 사람들은 일반적으로 머리가 좋고 상황 파악을 정확히 잘하며 이해력과 분석력이 우수하다. 또한 문제의 핵심과 원인을 정확하게 이해하고 개별 사건들의 연결성과 연속성을 파악하며 장단기 예측하는 능력이 우수하다. 오해하지 말아야 할 것은, 인지 영역이 머리 좋은 것과는 관계가 깊지만 학벌이나 전문성과 꼭 정(+)의 관계에 있지는 않다는 점이다. 국내외 명문대학 출신이거나, 고시에 합격했거나, 박사학위 소지자라 하더라도 이 영역이 보통 이하로 나타나는 경우가 있다. 시험을 잘 보고 지식 수준과 전문성이 높다고 해서 인지 영역이 우수하다고 단정할 수는 없다. 반대로 고등학교만 졸업하고서도 인지 영역의 역량이 우수하여 일을 잘하는 사람들이 있다. 한마디로 인지 영역의 역량은 공부머리보다는 '일머리'의 수준을 보여준다. 이 책에서는 이 영역에 해당하는 역량으로 통찰력, 변화혁신, 의사결정, 국제외교감각을 다룬다.

'업무 영역'은 실행력과 관련한 부분이다. 이 영역이 발달한 사람들은 과업이나 목표가 생기면 경험을 바탕으로 계획을 잘 수립하여 열정적으로 추진하며, 본인뿐 아니라 조직 구성원들도 적극 실행할 수 있도록 노력하고 지도한다. 깊이 생각하거나 상황을 정확하게 분석하기보다 빨리 결정하고 행동하는 경향이 강하며, 제한된 시간 내에 일을 완수하려고 한다. 이는 성과를 잘 내는 사람들에게서 관찰되는 특징이다. 유의해야 점은 이들이 해내는 일의 내실이 취약할 가능성도 높다는 것이다. 또 이들에게서는 근본적인 처방을 찾기보다 형식적으로만 해결하려는 경향도 나타난다. 이 책에서는 이 영역에 해당하는 역량으로 문제해결, 추진력, 조직관리를 다룬다.

'관계감성 영역'은 개인의 감성과 대인관계에 관련한 부분으로, 이 영역이 발달한 사람들은 일반적으로 사람과 인간관계에 대한 관심이 많고, 업무 추진 과정에서 개인의 능력보다 인간관계가 더 중요하다고 여기며, 평소 원만한 인간관계를 유지하고 발전시키는 데 많은 노력을 한다. 오해하지 말아야 할 것은, 성품이 훌륭하거나 지인이 많고 사람들과 어울리기를 좋아한다고 해서 이 영역의 역량이 높은 건 아니라는 점이다. 인간관계를 활용해서 성과를 잘 내야 이 영역의 역량이 높은 것이다. 그렇지 않으면 그냥 성품 좋고 오지랖 넓은 사람일 뿐이다. 오히려 고위급 지도자 중에는 내성적이거나 성품이 좋지 않더라도 이 영역의 역량이 높은 사람이 많이 있다. 이 책에서는 이 영역에 해당하는 역량으로 자기확신, 공감소통, 관계관리를 다룬다.

세 영역이 모두 높거나 모두 낮게 나타나는 사람도 있지만, 상대적으로 한두 개가 높고 다른 건 낮게 나타나는 것이 일반적이다. 어떤 영역이 높고 낮은지에 따라 업무 스타일과 업무 추진 과정에서의 강점과 약점이 달라진다. 예를 들어 국가 지도자가 다른 영역이 낮고 인지 영역만 높다면, 국정 방향이나 정책은 제대로 제시하더라도 리더십이 부정적으로 발휘되어 국민과 괴리된 일방통행식 통치를 하기 쉽다. 이런 경우 성과를 기대하기는 어렵다. 이와 달리

다른 영역이 낮고 업무 영역만 높은 지도자는, 많은 일을 벌이고 열심히 일하더라도 리더십이 부정적으로 발휘되어 추진 과정에서 정책 혼선이 나타나거나 기대한 것과 다른 결과를 얻을 가능성이 높다. 마지막으로 다른 영역이 낮고 관계감성 영역만 높은 지도자는, 소신 있고 성품이 훌륭하다는 평가를 받을지라도 리더십이 부정적으로 발휘되어 고집불통이거나 성과는 하나도 나오지 않는 답답한 지도자가 될 가능성이 높다. 리더십 역량에서 중요한 것은 단순히 역량 수준이 높은지 낮은지보다 상황에 맞게 강점인 역량이 적절하게 발휘되는 것이다. 지도자는 자신의 특성과 역량의 강점과 약점을 정확히 파악하여 상황에 맞게 발휘해야 훌륭한 성과를 얻을 수 있다.

역량을 평가하는 척도는 일반적으로 1.0에서 5.0점까지 0.5점 단위로 평가하는 경우가 많다. 이 책에서는 10가지 개별 역량을 평가할 때 국가 지도자에게 요구되는 리더십의 평균 수준을 기준으로 4.0 이상은 탁월, 3.5는 우수, 3.0은 양호, 2.5는 보통, 2.0은 미흡, 2.0 미만은 부족으로 정한다. 10가지 개별 역량을 종합 평가한 개인별 역량 점수는 3.5 이상은 탁월, 3.0은 우수, 2.5는 보통, 2.0은 미흡, 2.0 미만은 부족으로 정한다.

3. 대통령에게 필요한 10가지 리더십 역량

심리학의 일반적인 정의와 구분하여 국가 지도자에게 요구되는 수준으로 개념 정의를 새롭게 하였다. 각 역량의 개념과 해당 역량이 탁월한 세계적인 지도자의 사례를 살펴보면 개별 역량을 이해하는데 도움이 될 것이다.

인지 영역

-통찰력(Perspective,Insight): 복잡한 국제관계와 사회현상 속에서 상황과 사건의 본질과 핵심을 정확히 파악할 뿐 아니라 미래를 예측하고 다수 이해관계자의 입장을 고려하여 조직이 나아갈 방향과 대안을 제시하는 능력이다. 통찰력이 부족하면 참모들에게 국정의 방향과 핵심을 제대로 제시하지 못하여 구성원들 사이에 혼란이 일어나 정책 수행에 큰 혼선과 갈등이 일어날 가능성이 높다. 이 역량이 탁월한 지도자로는 독일의 비스마르크와 싱가포르의 리콴유를 꼽을 수 있다.

비스마르크는 영국, 프랑스, 러시아가 패권을 쥐고 있는 19세기 말 유럽에서 일반적인 외교와 협상을 통해서는 독일의 통일이 불가능하며 오로지 강력한 군사력과 전쟁을 통해서만이 가능하다고 판단했다. 그래서 프로이센 수상으로 취임한 이후부터 이를 철저히 준비하여 오스트리아와 프랑스와의 전쟁에서 승리하고 1871년 독일 통일을 이루었다. 통일 후에는 승전국임에도 불구하고 예상을 뒤엎고 팽창정책을 멈추고 유럽의 세력균형을 추구하며 이후 40여 년간 유럽의 평화를 이루는 한 축이 되었다. 또한 영국과 프랑스에 비하여 근대화가 뒤진 점을 고려하여 강력한 중앙집권체제를 구축하고 최초로 노동자의 사회보장제도를 도입하는 등의 정책을 통해 짧은 기간 만에 통일과 근대화를 이룩하며 독일을 강대국으로 성장시켰다.

-**변화혁신**(Change/Innovation): 국내외 다양한 환경 변화 흐름을 빠르고 정확하게 파악하고 이에 맞춰서 기존의 법과 제도 및 관행을 개선하며, 국민과 구성원의 인식 등을 지도자가 기대하는 방향으로 빠르고 유연하게 전환시키고 변화된 정책을 실행하는 능력이다. 이 역량이 부족하면 과거의 사고와 제도에 집착해 변화하는 세상에 적응하지 못하여 성과를 제대로 창출하지 못하고, 주변 상황이 급변하는 경우 국가에 위기 상황이 발생할 가능성이 높다. 이 역량이 탁월한 지도자로는 중국의 덩샤오핑과 미국의 시어도어 루스벨트를 꼽을 수 있다.

중국 현대화의 아버지라고 불리는 덩샤오핑은 중국 공산당을 이끈 핵심 인물이지만 문화혁명 시기에 모든 권력을 잃고 3년간 유배 생활을 하였다. 중국 공산주의의 모순과 한계를 깨달은 그는 마오쩌둥 사후에 권력을 쟁취하고 흑묘백묘론(黑猫白猫論)을 주장하며 실용주의 노선을 채택하였다. 사회주의체제를 유지하면서 시장경제를 도입한 '중국식 사회주의'를 확립하고 대외 개방을 통하여 중국의 현대화를 이끌었다. 중국식 사회주의를 정착시킬 때도 급하게 하지 않고 선전시에서부터 개혁 정책을 시험해 단계적이고 안정적으로 정착시켜서 대성공을 거두었다. 이로써 미국과 세계 패권을 다투는 강대국으로 도약하는 기반을 닦았다.

-**의사결정**(Decision Making): 다수 국민의 의견과 욕구를 정확히 이해하여 적절한 판단력과 책임감을 갖고 상황에 맞는 결정을 하는 능력이다. 자료와 정보가 부족하거나 불확실한 상황에서도 치밀한 계산 후에는 주저 없이 과감한 결정을 내리고, 예상되는 장애물에 대한 후속 조치를 준비하는 능력도 포함된다. 이 역량이 부족하면 타이밍을 놓쳐서 아무리 좋은 계획도 제대로 진행되지 않고 기대한 성과가 나오지 않거나, 반대로 사전 준비 없이 급하게 진행하여 조직이 혼란에 빠지거나 내부 갈등이 발생하여 성과가 나오지 않을 가능성이 높다. 이 역량이 탁월한 지도자로는 미국의 프랭클린 루스벨트와 에이브러햄 링컨을 꼽을 수 있다.

루스벨트는 미국 역사에서 가장 잘못된 법이라고 평가받지만 보수주의자와 여성단체 및 기독교단체에서 옹호하던 금주법을 과감하게 폐지하였다. 루스벨트 이전 10년 동안 전임 대통령들은 금주법으로 인하여 많은 부작용과 문제가 발생했음에도 반대 세력의 저항과 유권자 표를 의식하여 폐지를 주저하였지만, 그는 변화된 여론을 수렴하여 폐지를 공약하고 실천하였다. 또한 경제 대공황을 극복하기 위해 은행개혁법, 농업조정법, 사회보장법, 산업부흥법 등 정부 주도의 과감한 경제 개혁 정책을 추진하였다. 뉴딜정책이 대공황 극복에 즉각적인 효과를 보지는 못했지만, 미국 복지제도의 토대를 마련하고 자유방임주의에서 정부의 적극적 시장개입으로 경제정책의 대전환을 이루었다.

루스벨트는 제2차 세계대전이 발발하자 다양한 인종과 민족으로 구성된 미국의 특징을 고려하여 일단 국민의 의견을 널리 수렴한 후 일차적으로 '무기대여법'을 제정하여 유럽과 중국을 지원하였다. 그리고 1941년 12월 진주만공습이 일어나자 즉시 추축국에 선전포고하고 직접 참전하여 세계대전을 승리로 이끌며 미국을 초강대국으로 만들었다. 그는 항상 상황을 정확히 파악하고 치밀하게 계산한 뒤에 국민의 공감을 얻고 시의적절한 타이밍에 과감하게 의사결정을 하였다.

-국제외교감각(International Diplomatic Sense): 국제적인 맥락에서 정치·경제·안보 등의 변화 상황을 이해하고 각국의 입장과 의도를 파악하며, 실리적인 차원에서 국익에 도움이 될 수 있도록 관련 국가들과 협력 및 긴장 관계를 맺고 유지하는 능력이다. 이 역량이 부

족하면 지도자는 우물 안 개구리가 될 것이며, 국제환경이 급변하는 상황에서는 국익이 심각하게 침해받을 가능성이 높다. 이 역량이 탁월한 지도자로는 프랑스의 샤를 드골과 독일의 앙겔라 메르켈을 꼽을 수 있다.

제2차 세계대전 당시 프랑스가 독일에 항복하고 비시 정권이 수립되자, 드골은 영국으로 망명하여 '자유 프랑스'를 설립하고 레지스탕스 활동을 지원하며 프랑스가 전후에 승전국의 지위를 얻을 수 있도록 노력하였다. 집권 후에는 알제리 독립 문제를 평화적으로 해결하고, 독일 총리 아데나워와 엘리제 조약을 체결하여 프랑스와 독일의 화해를 이루어냈으며, 이를 기반으로 유럽의 주도권을 다시 잡았다. 또 정부 간 협력의 국가연합 모델을 제시하여 유럽 통합의 기초를 마련하였다. 그는 '유럽인의 유럽'을 강조하며 미소 중심의 냉전체제에서 독자 외교 노선을 추구하여 국제사회에서 프랑스의 위상을 강화하였다.

업무 영역

-문제해결(Problem Solving): 국내외적으로 예상치 못한 문제나 위기 상황이 발생했을 때, 문제의 핵심과 원인을 정확히 파악한 후 이해관계자들과 협력하고 동원 가능한 자원을 확보하여 효과적인 해결 방안을 제시할 뿐 아니라, 문제해결 과정에서 나타날 장애물이

나 해결 이후에 나타날 수 있는 문제점을 예측하고 미리 대비하는 능력이다. 이 역량이 부족하면 단편적이고 피상적인 해결 방안을 제시하여 지속적으로 문제가 발생할 가능성이 높고, 심하면 국가 위기 상황을 맞이할 가능성도 있다. 이 역량이 탁월한 지도자로는 미국의 존 F. 케네디를 들 수 있다.

케네디는 쿠바가 1959년 피델 카스트로에 의해 공산화되고 1961년 미국이 지원한 피그스만 침공이 실패한 이후에 반미노선을 더욱 강화하는 시기에 대통령에 취임하였다. 소련의 흐루쇼프는 미국이 터키와 이탈리아에 소련을 겨냥한 핵미사일을 배치한 것에 대응하여 1962년 쿠바에 소련의 핵미사일 기지 건설을 추진하였다. 이에 미국은 즉시 쿠바 주변 해상을 봉쇄하고 미사일 철수를 요구했다. 미국 군함과 소련 군함이 쿠바 근해에서 대치하였으며, 미국이 데프콘을 발령하고 핵전쟁에 대비하는 와중에 미국의 U-2 정찰기가 소련군에 의해 격추되면서 제3차 세계대전이 목전까지 다가왔다는 위기감이 감돌았다. 케네디는 군사적으로 강경하게 대응하면서도 흐루쇼프와 비밀협상을 진행하여 상호 양보안을 도출함으로써 핵미사일 위기를 해결하였다.

1957년 소련이 스푸트니크 인공위성을 발사하고 1961년 유리 가가린이 세계 최초로 유인 우주비행에 성공하여 우주 부문에서 앞서 나가자, 충격에 빠진 미국 국민 사이에 패배 의식이 확산했다. 케네디는 이를 해결하기 위하여 1961년 "1960년대가 끝나기 전에 인간을 달에 착륙시키고 무사히 귀환시킨다"라고 의회에서 발표하고 아폴로 계획을 본격 추진하였다. NASA에 예산을 대규모로 지원하고 인적·물적 자원을 총동원한 케네디의 투자 결과 1969년 아폴로 11호가 달에 착륙하면서 아폴로 계획은 성공적으로 실현되었다.

-추진력(Driving Force): 목표를 달성하기 위해 열정을 다하여 노력하며, 큰 어려움이 발생하거나 난관에 봉착하더라도 포기하지 않고, 어느 정도의 희생을 감수하더라도 목표를 반드시 달성하려는 의지와 행동이다. 뛰어난 지도자에게서 많이 나타나는 필수 역량이며, 정치적인 면에서는 권력의지로 나타날 수 있다. 이 역량이 부족한 지도자는 과업 추진 과정에 장애물이나 난관이 나타나면 쉽게 포기하거나 원칙 없이 적당히 타협하여 원하는 결과를 얻지 못할 가능성이 높다. 이 역량이 탁월한 지도자로는 미국의 에이브러햄 링컨과 영국의 윈스턴 처칠을 꼽을 수 있다.

링컨의 대통령 당선에 반발하는 남부의 주들이 1861년 남부연합을 결성하고 연방 탈퇴를 선언하며 남북전쟁은 시작되었다. 전쟁 초반 북부군이 연이어 패배하자 국민 사이에 링컨에 대한 비판이 증가하였다. 링컨은 그랜트와 셔먼 등 유능한 장군을 전격 기용하고 군사전략에도 적극 개입하며 전쟁을 지휘하였다. 전쟁이 길어지면서 국민의 피로감이 커지자 전쟁을 중단하고 남부와 협상하자는 주장도 함께 늘었다. 뉴욕에서는 징병을 거부하는 폭동이 일어나고, 영국과 프랑스가 남부연합을 지원하려는 움직임도 보였다. 이런 여러 악조건에서도 링컨은 연방제를 유지하기 위해 남부 독립을 반대하며 전쟁을 감행하였다. 1863년 노예해방을 선언하고 흑인들의 자원입대를 유도하며 유럽의 남부연합 지원을 사전에 차단하는 등 적극적인 대응으로 전쟁을 승리로 이끌었으며, 노예해방을 이루어내 역사상 가장 존경받는 미국 대통령 중 한 명이 되었다.

-조직관리(Organizational Management): 지도자가 원하는 바를 조직 구성원들에게 정확히 이해시켜 한 방향으로 나아갈 수 있도록 만드는 능력이다. 이 역량이 뛰어나면 조직 구성원들이 각자의 과업을 이해하고 목표를 위해 적극 참여하도록 이끌 수 있고, 또 필요시에는 자신과 인연이 없거나 반대편이더라도 유능한 인재를 등용하여 적재적소에 배치할 수 있다. 이 역량이 부족하면 유능한 인재보다 아부하는 사람을 등용할 가능성이 높고, 유능한 인재가 있더라도 제대로 활용하지 못할 것이다. 또한 지도자가 열심히 움직여도 조직 구성원들은 제대로 역할을 하지 못할 가능성이 높다. 이 역량은 일반적으로 성공한 군인에게 많이 나타나는 경향이 있는데, 대표적으로 미국의 드와이트 아이젠하워를 꼽을 수 있다.

제2차 세계대전에서 맥아더 장군이나 패튼 장군이 범접하기 힘든 카리스마를 보여준 장군이라면 아이젠하워는 조정자 내지는 관리자로서 뛰어난 능력을 보여준 장군이다. 그는 부하들에게 일방적으로 지시하지 않고 업무의 목적과 이유를 설명하여 동기를 부여했고, 누군가를 편애하지 않고 공정하게 대우하며 지속적으로 관심을 보이면서 먼저 다가갔다. 그는 동기보다 진급이 늦어 1939년 전쟁이 발발했을 때는 중령이었지만, 국가 위기 상황에서 이러한 역량을 십분 발휘하여 불과 5년 후에는 연합군 최고사령관으로 임명되었다. 대통령이 된 이후에도 출신을 가리지 않고 기업인부터 노동자까지 아우르는 다양한 인재를 등용하여 내각을 구성하였고, 참모들의 의견을 적극 수용하여 공화당 소속이면서도 보수와 진보의 정책을 균형 있게 집행하여 1950년대 미국의 번영을 이끌었다.

관계감성 영역

-**공감소통(Empathy/Communication)**: 상대의 생각, 감정, 어려움 등을 정확히 이해하고 상대가 자신을 신뢰할 수 있도록 진정성 있는 태도로 자신이 원하는 내용을 정확하게 전달하는 능력이다. 특히 국가 지도자는 국민의 욕구를 정확하게 파악하고 국민 눈높이에 맞추어 다양한 방법과 매체를 통해서 자기 생각과 정책을 확실하게 표현하고 국민을 이해시킬 수 있어야 한다. 이 역량이 부족하면 국민이 원하는 것을 파악하지 못하고 혼자서 일방통행식으로 정책을 추진하거나, 국민이 느끼는 심각한 문제를 인식하지 못하고 국민 정서와 괴리될 가능성이 높다. 이 역량이 탁월한 지도자로는 미국

의 버락 오바마와 프랭클린 루스벨트, 존 F. 케네디를 꼽을 수 있다.

오바마는 연설로 대통령이 되었다는 평을 들을 정도로 연설의 귀재이다. 2004년 민주당 전당대회에서 미국이 인종과 문화의 차이를 초월해 하나로 통합될 수 있다는 명연설을 하여 일약 스타 정치인으로 떠올랐고, 이듬해 상원의원에 당선하였다. 2006년 상·하원 중간선거에서는 전국으로 지지 유세를 다니며 연설을 통해 전국구 스타 정치인으로 성장하였으며, 2008년 연설과 소통 능력을 바탕으로 대중의 지지를 얻어서 대통령에 당선하였다. 그는 연설에서 항상 희망과 단합과 변화를 강조하고, 함께 할 수 있다는 확신을 심어주었다. 그는 단순히 연설만 잘하는 것이 아니었다. 2008년 대선 때 작은 모임에서는 연설하지 않고 상대 의견을 경청하고 메모하여 신뢰감을 높였다고 한다. 대통령이 된 뒤에도 트위터와 페이스북 등을 통해 직접 소통하여 국민에게 자신의 진정성을 보여주고 신뢰감을 심어주었다.

-자기확신(Self-Confidence): 조직 내외의 환경과 조건이 불확실한 상황에서 자기 생각과 결정이 옳다고 확신하며 이를 타인에게 표현하고 적극적으로 설득하고, 치밀하게 준비해 도전하는 능력이다. 이 역량은 정치나 경제 등 각 분야에서 성공한 이들에게 가장 많이 나타나는 역량이다. 이 역량이 부족하면 지도자가 될 가능성이 낮으며, 운 좋게 지도자가 되었더라도 정책 방향이 일관성을 유지하

지 못할 가능성이 높다. 이 역량이 탁월한 지도자로는 영국의 윈스턴 처칠과 미국의 에이브러햄 링컨을 꼽을 수 있다.

처칠은 제1차 세계대전 직전에 독일과의 전쟁 가능성에 대비하여 해군력 강화를 주장하였다. 전쟁 중에 해군 장관에 임명되었으나 영국이 속한 연합군이 갈리폴리 전투에서 사상자가 20만 명이 넘는 처참한 패배를 당하면서 장관직에서 불명예 퇴진했다. 이후에도 항상 강경책만을 고집하는 실패한 정치인으로 낙인찍혀 보수당 지도부와 갈등을 빚으며 주류 정치에서 배제되었다. 1930년대 초반 히틀러가 독일의 권력을 잡자 "히틀러는 절대 믿을 수 없다", "독일이 다시 전쟁을 일으킬 것이다"라며 체임벌린 수상의 유화 정책에 반대했지만 아무도 처칠에게 동조하지 않았다. 1939년 독일이 폴란드를 침공하면서 제2차 세계대전이 발발하여 그의 주장이 옳다는 것이 확인되자 해군 장관으로 복귀하였고, 1940년에 수상에 임명되어 제2차 세계대전을 승리로 이끌었다. 또한 전쟁 중에도 스탈린은 믿을 수 없다고 경계했으며, 1946년에 유명한 '철의 장막' 연설을 통하여 소련의 팽창을 경고하였다. 그의 주장은 마셜 플랜과 나토(NATO) 창설에 영향을 끼쳤다. 그는 줄곧 전체주의자와 공산주의자는 믿을 수 없고 국가체제를 위협하는 매우 위험한 존재라는 확신을 갖고 일관되게 정책을 추진하였다.

–관계관리(Relation Management): 조직 및 집단 내의 다양한 사람들

과 관계를 맺고 유지할 수 있는 능력이다. 이 역량이 뛰어난 지도자는 평상시 자신이나 조직에 도움이 될 수 있는 인물이나 기관과 우호적인 관계를 유지하고 업무 추진에 활용하며, 갈등 발생 시에도 이해관계자들의 입장을 정확하게 파악하고 효율적으로 대처할 수 있다. 또한 비록 자신과 반대편이더라도 국익을 위해 필요한 때는 협력할 줄 안다. 이 역량이 부족한 지도자는 소수의 주변 사람과 지지자들과만 관계를 맺고서 소극적이고 편협한 정책과 정치 행보를 추진할 가능성이 높다. 이 역량이 탁월한 지도자로는 남아프리카공화국의 넬슨 만델라를 꼽을 수 있다.

만델라는 청년 시절에 비폭력 저항운동을 주도하다가 효과가 없다고 판단하고 1962년 무장투쟁 조직인 '민족의 창'을 창설하였다. 다음 해 반역죄로 체포되어 종신형을 선고받고 27년간 복역하였다가 1990년 국제사회의 요구와 압력으로 석방되었다. 자유의 몸이 된 그는 남아프리카공화국 정부 및 여러 정당과 협상을 벌여 인종차별 정책인 아파르트헤이트를 종식시키고 흑인에게 투표권을 부여하는 법안을 통과시켰다. 1993년에는 "인종차별 철폐와 남아프리카공화국의 민주주의로의 전환에 기여한 공로"로 당시 대통령 클레르크와 함께 노벨평화상을 수상하였다. 노벨상위원회는 "두 사람은 서로 다른 입장이었지만, 대화를 통해 평화로운 방법으로 갈등을 해결하고 진정한 민주주의를 실현했다"라고 평가하였다.

만델라는 1994년 남아공 최초의 완전한 민주적 선거에서 대통령에 당선하였으며 집권 후 "과거를 잊지 말되, 복수하지 말자"라고 강조하며 흑백 두 인종 간의 평화로운 공존을 추구하였다. 전 대통령 클레르크를 부통령으로 임명하였고, '진실과 화해 위원회'를 설립하여 과거의 인권침해를 조사하되 가해자가 진실을 인정하면 사면하는 방침을 취하여 사회통합을 추구하였다.

이제까지 이 책에서 대통령을 평가하는 기준인 정치적 자질과 리더십 역량의 개념을 정의하고 그것의 구체적인 구성 요소에 대해 자세히 알아보았다. 다음 장에서는 이 기준에 근거해 본격적으로 한국의 역대 대통령 한 사람 한 사람을 분석하면서 그들이 한 나라의 지도자로 어떠했는지를 평가하겠다. 이러한 분석과 평가를 통해 지금 우리에게 어떠한 지도자가 요청되는지도 가늠해보겠다.

3장

이승만에서 윤석열까지: 역대 대통령 분석 및 평가

이
승
만

1948~1960

1. 생애(1875~1965)

이승만은 1875년 황해도 평산에서 이경선의 3남 2녀 중 막내로 태어났으며, 양녕대군의 16대 후손으로 패망한 양반 가문 출신이다. 어려서부터 머리가 비상하여 6세 때 천자문을 떼었고 9세에 사서삼경을 마쳤다고 한다. 20세에 배재학당에 입학한 그는 학구열이 높고 머리가 명석하였으며, 영어에 심취하여 배운 지 6개월 후부터 서툰 영어로 선교사들에게 한국어를 가르치며 학비를 벌었고 이듬해에는 배재학당의 영어 교사가 되었다.

1898년 《매일신문》과 《제국신문》의 주필을 지냈으며, 독립협회 내에서 개혁파에 속했던 그는 급진주의적이었으며 이후에 박영효 세력의 고종폐위 음모에 가담한 혐의로 체포되어 투옥되었다. 5년 7개월간 감옥살이를 했는데 1904년 8월 민영환의 도움을 받아서 특사로 석방되었고 그해 겨울 미국을 방문하였다. 그는 가까스로 루스벨트 대통령을 만났으나 별다른 소득을 얻지는 못하였다. 이후 미국에 머물면서 조지워싱턴대학교를 졸업하고 1908년 하버드대학교에서 석사학위, 1910년 6월에 프린스턴대학교에서 국제정치학 박사학위를 취득하였다. 일제가 조선을 합병한 이후 귀국한 이승만은 YMCA 총무로 활동하다가 일제가 조작한 '105인 사건'에 연루된 혐의를 받고 수배되자 1912년 미국인 선교사들의 도움으로 미국으로 다시 건너갔다.

미국에서는 먼저 정착한 박용만의 도움을 물심양면으로 받았는데 박용만은 과거 감옥에서 의형제를 맺고 함께 독립 투쟁할 것을 맹세한 관계였다. 독립운동 방법을 놓고 무력을 중시하는 박용만과 외교를 중시하는 이승만 사이에 갈등이 심각해졌고, 급기야 이승만은 박용만이 군대를 키워서 미국에 정박하는 일본 선박을 폭파하려 한다고 박용만을 고발하였다. 두 사람의 적개심은 더욱 커졌고 이후 임시정부 내에서도 갈등이 격화된다.

3.1운동 이후 임시정부 수립 논의는 3곳에서 나타났다. 이동녕 중심의 상하이정부, 이동휘 중심의 노령정부, 한성정부이다. 이들은 힘을 결집하기 위해 통합된 임시정부를 수립하기로 어렵게 합의하고 내각책임제를 채택하였다. 그러나 뒤늦게 참여한 이승만이 강력하게 대통령제를 주장하는 바람에 권력구조를 대통령 중심제로 전환하고 이승만을 임시정부 초대 대통령으로 선출하였다. 임시정부의 각료들은 그에게 대통령직을 양보하면서 자금 조달과 외교에서 능력을 발휘할 것을 기대하였다. 그는 기대와 달리 별 역할을 하지 못하고 본인의 권리만을 행사했고, '독립공채' 발행을 독단적으로 진행하여 임시정부와 갈등을 빚었다. 당시 김좌진, 홍범도의 무장투쟁이 대단한 성과를 보이고 이승만의 외교 노선이 별 성과가 없자, 임시정부 내에서 신채호, 박용만이 중심인 무장투쟁파는 군사통일회를 소집하고 이승만을 비판하였다. 그해 11월 그는 군축회의에 참석한다는 명분으로 미국으로 떠났으며, 이후 상하이로 돌아

오지 않고 권리만을 요구했다. 그러자 임시정부 의정원은 1925년 3월에 대통령을 탄핵하고 박은식을 제2대 임정 대통령으로 선출하였다.

이후 7년간 아무 활동을 하지 못한 이승만은 1932년 김구 주석으로부터 대한민국 독립 탄원 전권대사로서 국제연맹 본부가 있는 제네바에 가서 대한민국을 중립국으로 인정할 것을 요청하라는 임무를 받았다. 그러나 외교적 성과가 없었고 교포사회에서도 신임을 잃어 이승만은 다시 6년을 은둔하며 살았다. 은둔의 시기이던 1941년 초, 그는 『일본 내막기(Japan Inside Out)』라는 책을 집필했다. 책의 골자는 일본이 미국을 침략할 것이니, 미국은 이에 대비해야한다는 것이었다. 처음엔 별다른 관심을 못 받던 이 책은, 그해 말일본의 진주만 공격이 발생하자 커다란 주목을 받았고, 이승만은 미국에서 일약 유명 인사가 되었다.

대한민국 초대 대통령을 지냈으나 3.15부정선거로 인해 4.19혁명이 일어나자 1960년 대통령직에서 하야하고 하와이로 망명하였다. 끝내 조국으로 돌아오지 못하고 1965년 하와이에서 90세를 일기로 심장마비로 사망하였다.

2. 주요 정책과 사건

초대 대통령 당선

1948년 제헌국회에서 국회의원 다수가 내각제를 지지하였으나, 이승만과 그의 지지 세력은 "이승만이 대통령이 되지 않으면 미국이 지원을 끊을 수 있다"며 대통령제를 강력하게 주장하여 국회에서 대통령을 선출하는 방식으로 대통령 중심제를 채택하였다.

1948년 7월 20일 이승만은 국회에서 198표 중 180표를 얻어 92.3%의 득표율로 초대 대통령으로 당선하였다. 같은 해 7월 24일 이승만이 대통령에 취임하고, 8월 15일 대한민국 정부가 수립되었다.

국가보안법 제정과 국민보도연맹 사건

1948년 12월 국가보안법이 제정되었는데, 이 법은 내용이 모호하고 포괄적으로 구성되어서 무소불위의 힘을 발휘할 수 있었다. 법 공포 이후에 약 11만 명이 체포되었고, 언론 검열을 강화하여 정권을 비판하는 신문은 폐간되었으며, 수많은 기자가 체포되고 방송국은 국영화되었다.

국민보도연맹은 개선의 여지가 있는 좌익 세력에게 전향의 기회를 준다는 명목으로 설립된 것으로, 과거 좌익 운동에 가담한 적이 있는 사람은 강제적으로 이 단체에 가입시켰다. 이 과정에서 좌익이 아닌 중도 성향의 사람들도 강제로 가입시켰으며, 가입을 거부하면 폭력을 가하고 국가보안법을 적용하여 처벌하였다. 1950년대 초 가입자 수가 50만 명에 달했는데, 정부에서 할당된 숫자를 채우기 위해 식량이나 돈을 주면서 회유하여 가입시키기도 한 결과였다. 이후 국민보도연맹 회원들은 한국전쟁 당시에 빨갱이로 몰려 대부분 학살되었다.

반민특위 해체와 국회 프락치 사건

1948년 9월 정치권과 국회에서 친일 청산을 요구하는 목소리가 높았다. 9월 7일 제헌국회에서 재석의원 141명 중 103명 찬성이라는 압도적인 지지로 '반민족행위처벌법'이 통과되고, 이어서 '반민족행위 특별조사위원회(반민특위)'가 구성되었다. 이승만은 친일 경찰의 대명사인 노덕술 등이 체포되자 노덕술을 체포한 반민특위 조사관과 지휘자를 체포하라고 명령하였다. 그는 자신의 주변 세력 상당수와 자신을 지지하는 한민당 내에 친일 인사가 상당수 있었기 때문에 친일 행위자 척결을 자신에 대한 도전이자 정부를 와해시키려는 공작으로 인식하였다. 그는 신생 국가에서 보복보다 화해가, 과거보다 미래가 중요하다고 강변하면서 경찰력을 동원해 반민특위 요원들을 체포하였다. 1949년 7월 반민특위 전원이 사임함으로써 반민특위 활동은 중단되었다.

비슷한 시기에 발생한 국회 프락치 사건은 14명의 국회의원이 남로당과 연계해 프락치 활동을 했다는 혐의로 검거된 조작 사건이다. 14명의 국회의원은 친일 세력 청산을 주장하는 개혁 성향의 국회의원들로 3~10년의 실형을 선고받고 투옥되었다.

농지개혁법 제정

농지개혁법은 1949년 6월 제헌의회에서 제정되고 1950년 3월 개정안이 공포되었으나 한국전쟁으로 시행이 지연되다가 1953년 본격 시행되었다. 내용은 유상매입, 유상배분, 경자유전의 원칙 아래 1) 농지 소유 한도는 3헥타르로 제한한다, 2) 농지 가격은 수확량의 1.5배로 하고 5년에 걸쳐 분할 상환한다, 3) 지주에게는 땅값을 지가증권으로 지급한다는 것이었다. 이 농지개혁법은 과거 공산주의자였던 조봉암 농림부 장관이 주도하였다.

자본주의 신봉자인 이승만이 사회주의 정책인 농지개혁을 강력하게 추진한 이유는 1) 북한과 체제 경쟁에서 국민 대다수를 차지하는 농민들의 지지가 필요했고, 2) 당시에 자신에게 대항하던 한민당 국회의원들 상당수가 지주계급이었던 만큼 그들의 힘을 약화시킬 필요가 있었기 때문이다. 농민이 농지를 소유하면서 사회 안정이 이뤄지고, 한반도의 공산화를 막는 데도 큰 작용을 했으나, 실행 과정에서 많은 문제점이 나타나 실질적으로 소작농이 다시 증가하고, 토지자본이 산업자본으로 전환하지 못하는 한계도 있었다.

한국전쟁 발발

1949년 8월 38선 부근에서 남북 군대가 충돌하여 300명 이상의 사망자와 400명 이상의 부상자가 발생하는 사건이 발생하였다. 한국전쟁 이전까지 북측은 남쪽 군대가 1000회 이상 경계선을 넘어 불법 침범했다고 주장했고, 남측은 북쪽 군대가 900회 이상 침범했다고 주장하며 서로 비난하였다. 이승만은 여러 차례 북진통일을 주장하였고, 전쟁이 발발하면 3일 안에 북한을 점령할 수 있다고 호언장담하였는데, 이것이 나중에는 남한의 북침으로 한국전쟁이 시작되었다는 주장의 빌미가 되기도 했다.

당시 북한군은 약 15만 명이었으며, 이 중에 약 5만 명 정도가 중국의 국공내전에 참가했던 노련한 군인들이었던 반면에 남한군의 병력은 약 6만 5000명에 탱크는 한 대도 없었다. 남한 정부와 군부는 북한의 남침 가능성이 높다는 구체적인 정보가 여러 차례 보고되었는데도 불구하고 이를 무시하고 아무런 대비도 하지 않고 있다가, 개전 3일 만에 서울을 뺏기고 도망쳐 부산으로 임시수도를 옮겼다.

국민방위군 사건

중공군의 공세로 전선이 밀리자 병력 충원을 위해 1950년 12월 '국민방위군 설치법'이 공포되었고, 약 50만 명의 인원이 서울에 소집되었다. 서울에서 후퇴해야 할 상황이라 이들을 대구와 부산 등으로 이동시켜야 했는데, 제대로 된 겨울 의복이나 숙식도 제공하지 않은 채로 걸어서 가게 하였다. 이동하는 100여 일 사이에 굶주림과 추위로 약 10만 명이 사망했고 20만여 명이 동상 등 부상에 시달리는 사건이 발생하였다.

이는 국민방위군 간부들이 미군으로부터 지원받은 군수품과 보급품의 상당량을 빼돌리고 수십억 원의 예산을 횡령하였기 때문에 발생한 일이었다. 이 사실이 알려지자 신성모 국방부 장관은 군사재판을 통하여 부사령관만 처벌하는 선에서 마무리하려고 했다. 분노한 미군 지휘관들이 이승만에게 국방부 장관의 해임과 진상 파악을 요구했고, 국회는 1951년 4월 30일 국민방위군 해체를 결의하였다. 7월 고등군법회의에서 사령관 등 5명에게 사형이 선고되었고 바로 집행되었다. 국회는 이들이 착복한 막대한 자금이 이승만 주변의 정치권 세력에게 흘러간 정황증거를 포착했지만, 핵심 인물들이 일찍 처형되는 바람에 숱한 의문만 남긴 채 사건은 종결되었다.

평화선 선포

한국전쟁 중에 이승만은 미국에 한미상호방위조약 체결을 강력하게 요구하였고 미국은 한국이 일본과 국교를 정상화할 것을 요구하였다.

이승만은 이를 긍정적으로 수용하고 협상을 벌였다. 이승만은 한국전쟁이 일본의 식민 통치에서 비롯된 일이라고 주장하며, 과거 식민 통치와 한국전쟁으로 인한 피해 등에 대해 일본이 20억 달러를 배상하라고 주장하였다. 일본은 오히려 일본이 식민지 시절 경제적 도움을 주었다고 주장하며, 과거 일본인 소유였던 재산을 모두 돌려달라고 요구하였다. 분노한 이승만은 1952년 1월 동해상에 평화선을 선포하고 평화선 이내로 일본 어선이 들어오면 나포하라고 지시하였다. 국교 정상화 회담은 중지되었다. 평화선은 이후 박정희가 한일 국교 정상화를 하면서 폐기하였다.

마이어협정 체결

1952년 5월 마이어협정(대한민국과 유엔사령부 간의 경제 조정에 관한 협정)이 체결되어 한미합동경제위원회가 설치됐다. 이후 미국의 원조물자가 본격적으로 들어왔으며, 원조물자 판매 대금은 한미합동경제위원회에 의해 통제되었다. 이 돈은 대충자금(Counterpart Fund)이라고 불렸고, 국방비 및 경제부흥비와 재정융자금 등으로 사용되었다.

발췌 개헌과 제2대 대통령 선거

1950년 5월 실시된 제2대 국회의원 선거에서 여당인 대한국민당과 제1야당인 민주국민당 모두 참패하였다. 총 210석 중에서 대한국민당은 24석, 민주국민당도 24석, 친이승만 계열의 대한독립촉성국민회가 24석을 얻었으며, 무소속이 60%가 넘는 126석을 차지했다. 무소속은 대부분 이승만 반대 세력이었다. 이대로라면 이승만의 대통령 재선은 불가능하였다.

1951년 11월 이승만은 대통령 직선제를 골자로 하는 개헌안을 제출하고 계엄을 선포하였다. 이 개헌안은 국회에서 부결되었으며, 4월에 123명의 국회의원이 오히려 내각제 개헌안을 제출하였다. 이에 이승만은 1952년 5월에 부산에 비상계엄령을 선포하고 헌병대를 동원하여 국회 통근버스를 끌고 갔으며, 반대파 국회의원 10명에게 국제공산당과 관련되어 있다는 누명을 씌워 감옥에 가두었다. 또한 정부 제출 개헌안과 국회 제출 개헌안을 발췌하여 절충한 대통령 직선제 개헌안을 통과시키지 않으면 국회를 해산하겠다고 협박했다. 7월 4일 국회에서는 군인들이 회의장을 포위한 가운데 비밀투표가 아닌 기립 투표를 통해서 166명 중 163명 찬성, 기권 3명으로 반대표 하나 없이 대통령 직선제 개헌안을 통과시켰다. 이후 직선제로 치러진 1952년 제2대 대통령 선거에서 이승만은 약 524만 표, 74.6%의 득표율로 당선하였다.

화폐개혁

1953년 2월 100원을 1환으로 평가절하하고 일정 금액 이상의 예금을 특별 정기예금이나 특별 국채예금으로 전환하는 것을 주 내용으로 하는 화폐개혁이 발표되었다. 화폐개혁은 맥아더 태평양사령부가 요청해서 시작되었다. 유럽의 성공 사례를 참고하며 미국과 충분한 협의를 하였고, 만일에 경제위기 상황이 발생하면 미국이 원조물자를 충분히 공급하기로 확약을 받고 비밀리에 진행하였다. 전쟁 후 발생한 극심한 인플레이션을 억제하고 세수를 확보하여 경제안정을 도모하려는 목적이었다.

철저한 자본주의 신봉자인 이승만은 이 정책에 불만을 품고 소극적으로 추진하였으며, 시중의 혼란과 국회의 비판이 쏟아지자 "화폐개혁 동결 조치 무효통고문"을 직접 작성하기도 하였다. 결국 재산 동결 부분이 국회 추인 과정에서 대폭 수정되었고, 예금 동결 비율이 25%로 낮아지는 등으로 인하여 화폐개혁을 통한 산업자본 조달과 인플레이션 진정 효과는 하나도 성공하지 못했다.

국민학교 의무교육 시행

1949년 교육법을 제정하여 국민학교 무상 의무교육 제도가 도입되었다. 이 제도는 1950년 1월 시행할 계획이었으나, 한국전쟁으로 일시 중단되었다가 1953년 본격 시행되었다. 1945년 광복 당시 문맹율은 80%에 달했으나 1959년에는 21%로 낮아졌으며, 이승만 정부는 정부예산의 약 10%를 교육에 할당하였다.

이후 중학생 수는 10배, 고등학생 수는 3배, 대학생 수는 12배 증가하였고, 이렇게 배출된 고등 인력이 1960~1970년대 산업화에 필요한 인적자원이 되었다.

한미상호방위조약 조인

휴전 협정 협상 중에 이승만은 휴전 후 북한의 재침에 대비한 강력한 군사동맹 필요성을 강조하며 미국에 휴전을 수용하는 조건으로 한미군사동맹을 요구하였으나 미국은 부정적 반응이었다. 이에 이승만은 휴전에 반대하며 북진통일을 계속 주장하였으며 관변단체와 학생들을 동원하여 연일 '휴전 반대 북진통일' 데모를 배후 조종해 미국을 압박하였고, 1953년 6월 18일 자정을 전후하여 유엔사령관과 협의 없이 2만 7000여 명의 반공 포로를 석방하면서 미국에 승부수를 던졌다. 이에 미국 아이젠하워 대통령은 이승만을 강하게 비판했고 델레스 국무장관은 이승만 제거를 검토하기도 했다. 이후 1953년 10월에 한미상호방위조약이 조인되었고, 이듬해 11월 발효되었다.

자유당 창당

1953년 3월에 원외 자유당과 원내 자유당이 통합해서 자유당을 창당하였다. 당시 원외 자유당을 이끌던 이범석의 조선민족청년단(족청)이 최대 세력이었는데, 자유당의 요직을 족청계가 장악하자 위협을 느낀 이승만은 이범석을 포함한 족청계를 모두 제명하고 쫓아냈다. 이로써 이승만은 자유당을 완전히 장악하였다. 이승만 개인의 사당으로 변질된 자유당 내에서는 이승만에 대한 충성 경쟁이 벌어졌으며, 이승만의 장기 집권과 독재정치가 시작되고 정경유착의 부패가 깊어졌다.

사사오입 개헌과 제3대 대통령 선거

재선에 성공한 이승만은 헌법에 있는 3선 금지 조항을 없애는 개헌을 준비하였다. 이를 위해 1954년에 실시될 민의원 선거 후보자 공천 과정에서 개헌에 찬성한다는 서명까지 받았다. 일명 '곤봉 선거'라고 불리는 제3대 민의원 선거에서는 경찰을 조직적으로 동원하여 야당과 무소속 의원을 탄압하고 부정선거를 자행하였다. 또 야당 후보자나 선거 운동원들을 무차별 폭행하고 갖가지 죄목을 붙여서 유치장에 가두었다. 이를 통해 자유당은 전국 203개 선거구에서 114석을 얻었으나 개헌에 필요한 136석에는 22석이 부족하였다. 그래서 67명의 무소속 의원들을 상대로 각종 협박과 회유를 동원하여 무소속 의원 23명을 영입해 137명을 만들었다.

당시 여론조사에 따르면 국민의 약 70%가 개헌에 반대했지만 개헌안은 11월 본회의에 상정되었고, 표결 결과 재적의원 203명 중에서 찬성 135명, 반대 60명, 기권 7명이었다. 개헌에는 3분의 2 이상의 찬성이 필요한데, 203명의 3분의 2는 135.333…명이므로 135명은 정족수에 미달하기에 사회자인 국회부의장 최순주는 공식적으로 부결을 선언하였다. 그러나 이틀 뒤 최순주 부의장은 27일의 부결 선포는 계산 착오에 의한 것이므로 부결 선언을 취소하고 개헌안이 가결되었다고 선포하였다. 수학의 사사오입 원칙을 적용하면 0.333…은 버릴 수 있는 수이므로 정족수는 135명이라는 궤변이었다. 이 사건 이후에 자유당 소속 국회의원 33명이 탈당하였다. 이후 제3대 대통령 선거에서 이승만은 약 505만 표, 70% 가까운 득표율로 당선하였다.

3.15 부정선거와 4.19 혁명

1960년 3월 15일 제4대 정·부통령 선거가 실시되었다. 야당인 민주당의 조병옥 후보가 선거를 앞두고 지병으로 사망하는 바람에 대통령은 이승만이 무조건 당선하는 것이었는데, 문제는 부통령 선거였다. 당시 80대 중반인 이승만이 임기 중에 변고라도 당하면 부통령이 대통령직을 승계하기 때문에 자유당으로서는 무조건 이기붕을 부통령으로 당선시켜야 하는 상황이었다.

자유당은 경찰, 공무원, 반공 청년단, 정치깡패 등 모든 세력을 총동원하여 민주당의 선거운동을 방해하며 갖가지 부정선거를 감행하였고, 투표함을 개봉하기도 전에 경찰과 내무부가 연합하여 투표 결과를 조작하였다. 선거 결과는 자유당 이기붕 834만 표, 민주당 장면 184만 표로 발표되었다.

부정선거를 규탄하는 국민의 시위가 전국적으로 발생하였다. 4월 19일 서울에서 시민, 학생 10만여 명이 시위를 벌였고 이 중 수천 명이 경무대로 향했다. 시위 중 경찰의 발포로 인하여 111명의 민간인이 사망하였다. 전국 주요 도시에 계엄령이 선포되었으나,

군은 유혈사태 방지와 재산 파괴 방지에만 주력하고 시위대 진압에는 나서지 않고 중립을 지켰다. 이승만은 내각 총사퇴, 이기붕 정치 활동 중단, 자유당과 결별, 경찰과 공무원의 정치 관여 금지 등을 발표하면서 자신의 권력 유지에 안간힘을 썼으나, 시위는 계속되고 전국 대학교수들의 퇴임 요구, 월터 매카너기 미국대사와 송효찬 계엄사령관 등의 권고가 이어지자 26일 사임을 발표하고 5월 29일 하와이로 망명하였다.

3. 주요 업적과 평가

경제·사회 분야

해방 직후 한국은 1인당 국민소득 50~60달러 수준으로 세계 최빈국 수준이었다. 전력 등 주요 기간산업은 대부분 북한 지역에 있었으며, 남한의 경우 일제강점기에 산업시설의 94%를 일본인이 소유했는데 해방 후 절반이 폐업했다. 당시에 남한의 전력 생산량은 북한의 4%, 중공업은 14% 수준에 머물렀다.

1954~1959년 경제성장률이 평균 약 6% 정도로 나타나 있으나 이는 마이어협정에 의한 미국 원조물자 덕분이지 한국 경제가 내부적으로 성장한 것은 아니다. 이를 증명하듯이 무상원조가 차관으로 전환되자 1958년 이후 성장률은 하락세로 전환되었고 실업률

이 20%에 육박하면서 국민의 경제생활이 어려워졌다. 당시의 마이어협정에 의한 주요 원조물자는 밀, 면화, 설탕 등이었는데 이를 기반으로 면방업, 제분업, 제당업 등 경공업 산업이 시작했다. 그러나 선정된 기업들이 자유당에 정치헌금을 기탁하는 등 정경유착이 만연하는 부작용이 나타났다.

1950년의 농지개혁은 이승만 정권 최고의 업적이라고 할 수 있다. 중남미와 전후 독립한 국가들 중 농지개혁을 성공한 나라는 한국과 대만뿐이다. 노무현도 2004년 칠레 동포간담회에서 "자유당 독재 시대에 토지개혁을 했는데, 지나고 보니 정말 획기적인 정책이었고 역사를 바꾼 사건이 아니었나 생각한다. 그래서 한국전쟁이 났는데도 국가 독립과 안정을 지켰고 국민이 하나로 뭉쳐서 체제를 지켰다"라고 극찬하였다.

사회 부문에서 업적은 국민학교 의무교육 제도를 도입한 것이다. 이승만은 어려운 여건에서도 예산의 10% 이상을 국민 교육 부문에 투자하였다. 이는 이후 대한민국이 산업화 시기에 필요한 고등 인력을 확보할 수 있는 토대가 되었다.

종합하면 전후 한국의 경제체제는 완전히 붕괴된 상태였으며, 미국 원조를 중심으로 정부와 경제가 운영되었다. 이승만 정부는 경제성장에 대한 개념과 준비가 부족하였고 미국의 원조에만 기대어 있다가 무상원조가 차관으로 전환하자 집권 후반에 경제위기 상황이 도래하였다. 또한 대충자금과 적산기업 처분도 친일파 기득권 세력에게 불하하였고 반대급부로 불법 정치자금을 수수하며 독재 정권을 강화하는 데 사용하였다.

정치·외교·안보 분야

외교·안보 분야에서 이승만의 가장 큰 업적은 1953년 미국과 '한미 상호방위조약'을 체결한 것이다. 이로써 한국은 미국 국방력의 보호 아래 전쟁을 막고 안보 불안을 해소하였다. 이는 국제정세와 미국의 입장을 누구보다도 잘 알고 있던 이승만 개인의 통찰력과 협상력 덕분이다. 또 하나의 업적은 좌우 대립의 혼란 와중에 자유민주주의 정부를 수립한 것이다. 그러나 1948년 정부 출범 당시에는 임정 출신과 진보 계열 인사도 내각과 군에 등용하였으나, 시간이 지나면서 자신에게 맹목적으로 충성을 바치면서 독재체제 운영에 기여하는 인사들만 중용하고 사회적으로 명망 있는 인사들과는 대립하였다. 또한 정부 수립 초반에는 일부 부작용이 있더라도 반공정책을 강하게 실시하여 사회안정에 기여한 면은 있으나, 점차 보안법을 남용하여 반대파를 숙청하고 자신에게 반대하는 이들에 대한 인권 탄압을 널리 자행하였다.

국내 기반이 약했던 탓에 정부 및 군과 경찰에 친일 세력을 중용했으며, 그로 인해 반민특위를 해체하고 친일파를 청산하지 못하여 역사적으로 큰 오점을 남겼다. 일인 독재를 위한 두 차례 개헌과 각종 부정선거를 자행하며 독재체제를 공고화한 것은, 결국 부메랑으로 돌아와 대통령직을 하야하고 망명하는 계기가 되었다.

4. 정치적 자질 평가

○ **시대정신:** 해방 후 초대 정부의 핵심 과제는 과거를 청산하고 새 시대에 맞는 출발을 하는 것이었다. 따라서 시대정신은 민주주의 정부 수립, 일제 식민 잔재 청산과 극심한 빈곤 탈출이었다고 할 수 있다. 자유민주주의 정부를 수립하고 한미상호방위조약을 체결한 것은 긍정적이지만, 식민 잔재는 청산하지 않고 정부 및 군과 경찰에 친일파를 중용해 이들이 권력의 중심부에 진입함으로써 80년이 지난 현재까지도 국론 분열의 원인이 되고 있다. 경제적 측면에서 비전과 경제성장 계획을 제대로 수립하지 못하고 미국 원조에만 의존하여 경제를 운영해 진정한 빈곤 탈출과는 거리가 있었다. 이런 면에서 시대정신은 보통 수준이라고 볼 수 있다.

○ **국정비전:** 단순하게 반공과 자유민주주의 국가 건설만을 외치고 국민 화합과 경제발전에 대한 구체적 방법론이 없었다. 농지개혁, 화폐개혁, 국민학교 의무교육 등은 매우 훌륭한 정책이었으나 체계적으로 진행되지 못하고 단편적으로 시행되었다. 경제는 장기적 비전이나 발전에 대한 방법론이 부재하였으며, 외교는 대통령이

직접 미국 정부의 담당자들과 연락하는 등 혼자서 했고 정부 운영 시스템은 국방부를 비롯하여 체계적으로 돌아가는 것이 거의 없었다. 국정비전도 보통 수준으로 볼 수 있다.

○ **도덕성:** 개인의 비리와 부패는 없으나 정부와 자유당의 비리와 부패가 심각하였고, 대통령은 독재 권력 유지를 위하여 이를 방관하였다. 국민보도연맹 사건이나 국민방위군 사건 등에서 보듯이 국민의 생명 보호 의무를 소홀히 한 채 자신의 권력 유지에만 집착하였다. 두 차례 개헌과 부정선거 및 인권 탄압을 자행하여 민주주의 가치와 제도를 심각하게 훼손하고 국민의 기본권을 보호하지 않았다. 이런 면에서 도덕성 부분은 미흡하다고 볼 수 있다.

5. 리더십 역량 평가

○ **인지 영역:** 지능이 상당히 뛰어나고 권력 쟁취와 유지에 대한 정치적 감각이 탁월하며, 특히 국제정세에 해박하다. 단 거시적인 관점에서 정치, 경제, 역사를 종합적으로 사고하는 면은 다소 미흡한 것으로 보인다.

－**통찰력**(3.5): 세계대전 이후 미소 중심의 냉전체제

로 전환하는 국제환경 변화를 파악하고 남한만의 단독정부를 수립하여 미국의 안보 우산 아래 정치·경제적 지원을 받은 것은 우수하다고 볼 수 있다. 단 국내 정치 발전과 경제·사회 분야에 대한 전반적인 이해력과 핵심을 파악하는 능력은 다소 약해 보이며, 종합적이고 장기적인 측면의 접근 능력은 다소 미흡하다고 할 수 있다.

-변화혁신(2.0): 정권 초기에 국제정치에 대한 전문성을 바탕으로 국제정세 변화를 이해하고 미국의 민주정치 시스템을 모방하여 정부 구조를 수립한 것은 양호하게 볼 수 있다. 단 집권 중반기 이후에는 국내외 정세 변화와 미국의 요구를 무시하고 국민의 변화 욕구를 이해하지 못한 채 개인의 권력 유지에만 집착하여 변화혁신이 제대로 이뤄지지 못하였다. 선민사상과 우월의식이 워낙 강해서 시대변화를 받아들이지 못한 탓에 나타난 결과로 볼 수 있다.

-의사결정(3.0): 미소 군정의 신탁통치 아래서 남한 단독정부를 수립하고, 한미상호방위조약 체결과 북한군 포로 석방 등을 단행한 것을 보면 상황 분석 능력이 뛰어나고 과감한 의사결정을 할 줄 안다. 그러나 국내정치에서는 불법적인 개헌을 단행했으며, 경제·

사회 분야와 관련된 문제에서도 합리적인 의사결정이 거의 나타나지 않은 것으로 보인다.

-국제외교감각(4.5): 1941년에 일본이 미국을 침공할 것으로 예견하고, 세계대전 이후 공산주의 팽창을 경계하며 냉전체제에서 한국의 생존 방법을 찾는 등 국제정세에 탁월한 감각과 예측력을 갖고 있다. 국제정세 변화에 해박할 뿐 아니라 필요에 따라 미국의 행정부 관리나 정치인과 직접 협상하고 이익을 취하는 능력이 탁월하다.

○ **업무 영역:** 자신의 권력이나 이익과 관련한 분야에서는 강력하게 홀로 추진하는 면이 도드라지지만, 정책을 추진하는 과정에서 조직을 체계적으로 운영하면서 복잡한 상황에 대처하는 역량은 매우 취약하다.

-문제해결(2.5): 정부 수립과 한국전쟁 중에 발생한 문제의 핵심을 파악하고 현실적이면서 자신에게 유리한 방향으로 해결한 면은 비교적 좋게 평가할 수 있다. 단 경제나 사회문제와 관련해서는 원인 파악과 효과적 대응이 잘 나타나지 않으며, 미래의 어려움을 예측하는 면은 거의 나타나지 않고 있다. 미국의 원조가

차관으로 바뀌는 상황에 알맞은 대안이 없었고 그냥 본인이 미국 관리와 협상하면 될 것이라고 단순하게 대처하는 수준이다.

-추진력(3.5): 임시정부와 대한민국 정부 수립 시에 대통령 중심제를 고집하여 관철했으며, 임기 중 두 차례 개헌과 한미상호방위조약 체결에서 보이듯 이해 관계자나 주변 사람들의 반대가 심하더라도 자신이 원하는 바를 강하게 밀어붙이고 성사시키는 역량은 우수하다. 단 이를 추진하는 과정에서 합리적인 방법과 조직적 활동은 상대적으로 미약하였으며, 목표 달성을 위하여 수단과 방법을 가리지 않는 경향이 자주 나타났다.

-조직관리(1.5): 임시정부 시절 초대 대통령으로서 주요 독립운동 지도자들과 협력하지 못하고 자신의 권위와 권력에 집착하여 조직 내 갈등을 유발시켜 탄핵을 당하였으며, 해방 후 집권한 뒤에도 자신에게 아부하는 일부 측근을 제외하고는 덕망 있는 동료 정치인이나 참모들과 대부분 결별하였다. 모든 일을 일방적으로 지시하고 혼자서 처리하는 면이 많아서 조직관리에는 매우 서툰 것으로 볼 수 있다.

○ **관계감성 영역:** 왕조 후손이라는 선민의식이 매우 강하고, 똑똑하지만 기본적으로 인간관계에 별 관심이 없다. 자신이 매우 탁월한 사람이라고 여기며 상대를 무시하는 경향이 많아서 이 영역의 역량들이 가장 취약한 것으로 나타난다.

> **-공감소통(1.0):** 상대방의 입장이나 의견에 관심이 없고 오로지 본인의 생각을 관철하려고만 한다. 임기 중에는 부하들에게 일방적으로 지시하는 방식으로 업무를 수행하였다. 국민의 어려움이나 변화하는 욕구에 관심이 없고 국민이 항상 자신을 존경한다고 여겼으며, 자신이 계몽군주라고 생각했다.
>
> **-자기확신(4.0):** 일제강점기에 무력보다 외교 중심의 독립운동을 신념으로 삼고 강력히 추진했으며, 임시정부 시절과 정부 수립 후에도 대통령제가 가장 적합한 제도라는 신념을 고집하고 관철하였으며, 남한만의 단독정부 수립과 반공 정책을 강력히 추진하였다. 정치와 외교에 대한 자신의 전문성을 과신하여 어떤 경우에도 타협하지 않고 확고한 자신의 소신대로 진행하였다. 자신이 항상 옳다고 과신하는 경향이 강하다.
>
> **-관계관리(2.0):** 자기중심적인 차원에서 국익을 위하

여 미국 정부 인사들과 관계를 유지하고 활용한 면은
양호하게 보이나, 이는 일부와의 관계에서만 발휘되
었다. 임시정부 시절이나 정부 수립 후에도 자신의 의
견에 반대하는 세력이나 국내의 야권 지도자들과 대
화나 협력은 철저하게 거부하며 무시했다.

6. 총평

프린스턴대학교 정치학 박사 출신으로 미국의 자유민주주의와 정
부 시스템에 대한 이해도가 높고 그것을 동경하였으며, 일본에 대
해서는 모든 것을 강하게 배척하였다. 강력한 반공 정책을 실시하
였고, 이를 왜곡되게 이용하여 종신 대통령을 추구하였다. 1948년
부터 1954년까지 집권 초반에는 비교적 성공적인 업적이 있었으
나, 집권 후반기에는 독재정치, 인권 탄압, 경기침체 등 대부분 부정
적인 결과만이 남았다.

　권력 욕구가 매우 강했으며, 왕조의 후손이라는 자부심과 미
국 박사라는 선민의식을 자주 드러냈다. 그래서 상대방을 무시하고
자신의 의견만을 일방적으로 지시하고 따를 것을 요구했다. 자기중
심적 성향이 강해서 자신에게 대항하거나 반대하는 상대방을 인정
하지 않고 자신이 최고로 대접받지 않으면 판을 엎어버리는 '트러

블 메이커'였다. 집권 초반 첫 정부 구성에서는 임시정부 출신이나 광복군 출신, 심지어 조봉암 같은 사회주의자도 내각에 등용하였으나, 이들이 개헌을 반대하자 결별하고 자기 말을 무조건 따르는 사람들만을 등용하였고 결과적으로 비참한 말로를 맞이하였다.

이승만의 공(功)은 1) 농지개혁법 제정과 추진, 2) 한미상호방위조약 체결, 3) 자유민주주의 정부 수립을 꼽을 수 있다. 농지개혁법과 한미상호방위조약은 이승만 개인의 탁월한 역량에 의한 것으로 평가할 수 있지만, 자유민주주의 정부 수립은 개인의 역량보다 미군정의 역할이 더 컸다고 보는 것이 타당할 것이다.

과(過)는 1) 장기 독재로 인한 민주주의 말살과 인권 탄압, 2) 일제 식민잔재 청산 포기, 3) 자유당 부정부패와 경제발전 미흡을 꼽을 수 있다. 이들 세 가지 모두 이승만 개인의 정치적 자질과 리더십 역량의 부족에 기인한 것이라 봐야 한다.

박 정 희

1963~1979

1. 생애(1917~1979)

박정희는 1917년 박성빈과 백남의의 5남 2녀 중 막내아들로 태어났다. 1937년 대구사범학교를 졸업하고 문경공립보통학교에서 4학년 담임을 맡았다. 3년간 교사 생활을 하다가 1940년 만주국 신경군관학교 2기생으로 입학하였고, 1942년 일본 육군사관학교 57기 3학년으로 편입하여 1944년 4월 300명 중 3등으로 졸업하였다. 일본이 항복한 후 베이징으로 가서 광복군에 자원해 중대장으로 잠시 근무하였다. 1946년 귀국하여 그해 9월 조선경비사관학교에 입학해 3개월 과정을 마치고 한국군 육군 소위로 새출발하였고 일 년 만에 소령으로 진급하였다.

한국군 입대 전에 남로당에 가입한 것으로 추정되며, 1948년에 여순사건에 연루한 혐의로 체포되고 무기징역을 선고받았으나, 이후 징역 15년으로 감형되었다가 집행정지로 풀려나면서 강제로 예편되었다. 그가 풀려난 것은 군 내부의 남로당원을 색출하는 데 적극적으로 협조한 공로를 인정받고 백선엽 등 만주군 선배들이 구명운동을 벌인 덕분이다. 그 후 백선엽 추천으로 육군 정보국 문관으로 근무했다.

한국전쟁은 그에게 행운을 가져다주었다. 정보분석 전문가였던 그는 전쟁 발발 닷새 뒤인 6월 30일에 육군본부 작전정보국 1과장(소령)으로 현역 복귀했으며, 3개월 후인 9월에 중령으로, 종전 후인 1953년 11월에 육군 준장으로 진급하였다. 남로당 사건으로 사형될 위기에 처했던 그가 소위 임관 7년 만에 별을 단 것이다. 1957년 육군 소장으로 진급한 후 7사단장과 6관구 사령관을 지내고, 1960년 1월 부산 군수기지사령관이 되었다.

　과거 두 차례 쿠데타를 모의했던 박정희는 1961년 5월 마침내 쿠데타를 실행하여 성공하였다. 쿠데타 이후 국가재건최고회의 의장이자 내각 수반에 취임했으며, 1961년 군부가 정치활동 정화법을 제정하자 윤보선 대통령은 사임하고 박정희는 대통령 권한대행도 겸임하였다. 그는 민정 이양 후 군으로 돌아가겠다는 대국민 약속을 깨고 1963년 10월 15일 제5대 대통령 선거에 출마하여 당선하였다.

2. 주요 정책과 사건

5.16쿠데타

1961년 5월 16일 새벽, 박정희는 그를 추종하는 박치옥 대령 등 육사 5기생 세력, 김종필 등 육사 8기생 세력, 김동하 예비역 해병대 소장 등 만주군관학교 출신 세력을 이끌고 군사 쿠데타를 감행하였고, 여기에 동원된 병력은 장교 250여 명과 부사관 및 병사 3500명 정도였다. 쿠데타가 발생하자 군권을 쥐고 있던 장도영 육군참모총장은 모호한 입장을 취하다가 쿠데타 세력에 동조했으며, 미국은 형식상 장면 총리를 지지한다는 성명을 발표했으나 실질적으로 장면 총리의 도움 요청을 거절하며 불개입 원칙을 고수하는 이중적인 태도를 취했다. 특히 윤보선 대통령과 신민당은 대립하던 장면 내각을 사퇴시킬 절호의 기회로 생각하여 쿠데타 세력에게 우호적이기까지 했다.

이후 내부의 권력 다툼에서 패배한 장도영 총장은 7월 3일 모든 직책에서 사임하였고, 박정희는 국가재건최고회의 의장, 내각 수반이 되어서 껄끄러운 군부 인사들을 외국으로 추방하고 중앙정보부를 중심으로 본격적인 권력 장악에 착수했다.

화폐개혁

1962년 6월 군사정부는 '환'을 '원'으로 바꾸는 화폐개혁을 전격적으로 단행하였다. 10환을 1원으로 전환하고 예금을 동결하면서 구권의 유통을 금지하였다. 군사정부는 이를 통하여 인플레이션을 수습하고 부정 축재자들의 자금을 회수하여 경제개발에 사용하려 했다.

그러나 미국과 사전 협의 없이 진행하여 많은 어려움이 발생하였고, 정부의 생각과 달리 부정 축재자들의 자금이 제대로 회수되지 않았다. 오히려 화교 자본이 타격을 받아서 한국을 떠나고 예금 동결로 인하여 시중 유동성이 떨어져서 국민의 불만과 경제 혼란이 가중되고 경제활동이 더욱 위축되었다. 실시 한 달 만에 군사정권은 정책 실패를 인정하고 예금 동결 조치를 해제하였다.

공화당 창당과 제5대 대통령 당선

1962년 10월 국가재건최고회의는 4년 중임의 대통령 중심제 개헌안을 만들고, 같은 해 12월 국민투표를 거쳐서 제3공화국을 출범시켰다. 박정희는 공식적으로 대통령 출마 의사를 발표하였다. 이후 정치활동 정화법을 해제하고 김종필을 중심으로 정당 창당을 준비했는데, 창당 자금을 마련하기 위해 소위 4대 의혹 사건(증권파동, 워커힐 사건, 새나라자동차 사건, 파친코 사건)을 일으켰다. 이 사건의 책임을 지고 김종필은 중앙정보부장직을 내려놓고 해외로 출국하였다. 1963년 2월 민주공화당이 창당되고 박정희는 그해 9월에 당 총재에 취임하였다.

1963년 10월 치러진 제5대 대통령 선거에서 박정희는 공화당 후보로 출마하여 유효 득표수 가운데 46.65%를 획득해 야당 윤보선 후보를 15만 표의 근소한 차로 누르고 당선하였다. 이어 치러진 제6대 국회의원 총선거에서 공화당은 175석 중 110석을 차지함으로써 거대 여당이 되었다. 이로써 박정희는 행정부, 의회, 군부를 모두 장악하게 되었다.

베트남전쟁 파병

쿠데타 직후 미국의 지지가 절실했던 박정희는 1961년 11월 케네디 대통령을 만나서 베트남전쟁에 한국 군대를 파병하겠다는 제의를 하였으나, 케네디는 받아들이지 않았다. 박정희는 베트남 파병은 미국과의 안보협력을 강화하고 군을 현대화하는 동시에 경제적 수익을 올릴 수 있는 절호의 기회라고 생각하였다. 1964년 8월 통킹만 사건으로 베트남전쟁이 확전하자 미국은 동맹국들에 참전을 요청하였다. 1964년 9월 130명 규모의 의무부대와 10명의 태권도 교관을 파견함으로써 한국군의 베트남전 참전은 기정사실이 되었으며, 1965년 8월 야당이 불참한 가운데 전투부대 파병동의안이 국회를 통과하였다. 한국군은 1973년 철수할 때까지 약 32만 명이 파병되었고, 약 5000명의 사망자와 약 1만 1000명의 부상자가 발생하였다.

베트남전쟁 전투병 파병은 한국 경제에 '베트남 특수'를 불러왔다. 파병을 통해 10억 달러 이상의 외화를 벌어들인 것으로 추산되며, 한국군의 장비도 크게 현대화되었다. 이렇게 벌어들인 외화는 2~3차 경제개발계획에 주요 재원이 되었고, 외화 보유량이 늘자 한국의 국제 신인도가 상승하여 차관 금리 부담도 낮아지고 수출이 증가하였다.

한일 국교 정상화

1961년 미국은 군사정부에 한일관계를 정상화할 것을 강력하게 요청하였고, 박정희는 11월 일본을 방문해 이케다 총리에게 경제원조를 부탁하였다. 뒤이어 김종필 중앙정보부장이 방일하여 오히라 외무장관과 조약에 대해 원칙적인 합의를 하였다. 1962년 7월 미국 국무부는 일본이 한국에 경제원조를 하는 방식으로 양국의 과거사를 정리하고, 만약 한국이 이를 받아들이지 않으면 미국은 경제원조를 다시 검토하겠다고 압박하였다. 정통성이 부족한 군사정부는 경제발전에 필요한 자금을 얻기 위하여 저자세로 일본과의 국교 정상화를 추진할 수밖에 없었다.

1965년 6월 한일기본조약이 정식으로 조인되었다. 주요 내용은 1) 일본은 3억 달러의 무상자금과 2억 달러의 차관을 지원하고 식민 시기 투자한 자본과 일본인의 개별 재산을 모두 포기하며 한국도 대일 청구권을 포기한다, 2) 한국은 평화선을 포기하고 독도 인근을 한일 공동어로구역으로 설정한다 등이었다. 조약이 체결되기 전 합의 내용이 알려지자 국민의 반대 시위가 격렬하게 일어났다. 박정희는 내각 총사퇴를 단행하였으나 시위는 정권 퇴진 요구로 발전하였다. 1964년 6월 전국에서 대규모 시위가 벌어지자 정부는 비상계엄을 선포하였다.

제6대 대통령 당선과 3선 개헌

1967년 5월 치러진 대통령 선거에서 박정희는 유효 투표수의 51.4%를 얻어 야당 윤보선 후보에게 116만여 표 차로 승리했다. 다음 달 치러진 국회의원 총선거에서 공화당은 총 175석 중에서 129석을 얻어 단독으로 개헌을 할 수 있는 압승을 거두었다.

1968년 12월 윤치영 공화당 의장서리는 국민이 원한다면 헌법을 개정하겠다고 발표하였다. 이후 박정희와 공화당은 개헌에 반대하는 김종필계 세력을 제명 처분하고 1969년 8월 일부 야당 의원을 회유하여 122명이 서명한 개헌안을 국회에 제출하였다. 야당의 격렬한 반대 속에서 공화당 의원들은 9월 14일 새벽 2시 국회 본회의장이 아닌 제3별관 특별위원회실에 집결해 개헌안을 날치기로 통과시켰다. 3선 개헌안은 10월 국민투표에서 65.1%의 찬성으로 통과되었다.

북한의 대남 공세

베트남전쟁에서 북베트남의 활약에 감명받은 김일성은 군사력을 강화하고 게릴라전을 통한 도발을 늘렸다. 1968년은 한국전쟁 이후 가장 위험한 해로 평가되는데, 북한이 자행한 주요 도발 사건은 1월 21일 청와대 무장공비 습격 사건, 1월 23일 미국 푸에블로호 납치 사건, 10월 30일 울진·삼척 무장공비 침투 사건 등이다.

일련의 사건 이후 남한에서는 사회·군사 제도에서 많은 변화가 이뤄졌다. 휴전선에 철책이 설치되고 250만 향토예비군이 창설되었으며, 대학교와 고등학교에 교련 과목이 생겨났다. 주민등록제도가 시행되고, 사회 전반에 반공 의식이 더욱 강화되었다. 또 한미안보협력이 강화되어 한미 국방장관회담이 정례화되었다.

경부고속도로 개통

1964년 서독을 방문하여 아우토반을 달린 경험에서 박정희의 고속도로 건설 계획은 시작되었다. 박정희는 1967년 건설부 장관에게 경부고속도로 건설을 지시한 후에 직접 지휘하였다. 공사는 현대건설을 비롯한 민간 건설업체에 맡겼으나 구간별 감독 요원으로 공병장교가 동원되기도 했으며, 난공사 구간은 육군 공병들이 투입되기도 하였다. 당시 야당과 언론은 극심하게 반대했으며, 관료들도 부정적 의견이 많았다. 그들은 당시 우리나라 경제 수준에서 경부고속도로가 필요한지 의문을 표하고 건설 능력을 부정적으로 평가하면서 중소도시 몰락, 경부선 철도 사양화, 전시행정, 지역불균형 발전 등 다양한 반대 논리를 내세웠다.

경부고속도로는 공사 시작 2년 5개월 만에 준공되었다. 1킬로미터당 공사비는 일본 도메이고속도로 건설비의 8분의 1에 불과하였다. 고속도로 건설을 반대하고 차관을 거부했던 국제부흥개발은행(IBRD)은 이후 호남고속도로, 남해고속도로, 영동고속도로 건설에 적극적으로 차관을 제공하였다.

새마을 운동

1960년대 중반 이후 경제개발이 가속화되면서 도시와 농촌의 양극화가 심화되자 농촌 현대화가 절실해졌다. 1970년 4월 박정희는 새마을 운동을 공식 선포하였다.

초기에는 도로포장, 지붕 개량, 다리 건설, 공동우물 관리 등 농촌의 기본적인 생활개선 사업이 주를 이루다가 이후 벼 품종 개량, 비료 공급 확대, 축산·수산업 개발 등 소득 증대 사업으로 발전하였다. 새마을 운동이 공장, 학교, 공공기관, 군대 등 사회 전반으로 확장되어 의식개혁 운동으로 변질되면서부터는 부작용이 나타나기 시작하였다.

포항제철 준공

군인 출신인 박정희는 철강을 생산하는 나라를 꿈꾸며 집권 초부터 제철소 사업에 강한 의욕을 갖고 있었다. 1962년 한국종합제철 주식회사를 설립하였으나 미국의 반대로 무산되었다. 종합제철소 사업에 막대한 자금이 필요한 까닭에 정부는 종합제철공장 건설사업 계획서를 갖고 세계은행, 미국 수출입은행, 영국, 서독, 프랑스, 이탈리아 등과 차관 교섭을 벌였으나 모두 실패하였다. 당시에 인도, 브라질, 멕시코, 튀르키예 등이 100만 톤 규모의 종합제철소 사업에 실패하였고 한국 경제가 종합제철소 사업을 감당할 능력이 없다는 것이 국제 전문가들의 일치된 견해였다. 마지막 일본과의 협상에서 오히라 통상산업부 장관은 일본에서 철을 수입해서 쓰는 것이 한국에 이익이라며 제철소 건설을 반대하였다.

하지만 결국 일본을 어렵게 설득해 청구권 자금의 사용처를 변경하여 약 1억 2000만 달러의 청구권 자금을 종합제철소 사업에 동원하였다. 1970년 4월에 착공된 103만 톤 규모의 공장은 1973년 7월에 준공되었다. 이로써 제철 국가가 된 한국은 자동차, 기계, 선박, 가전 등의 중공업이 안정적으로 발전할 수 있는 기반을 갖추게 되었다.

제7대 대통령 당선과 유신헌법

1971년 4월 제7대 대통령 선거에서 박정희는 53.2%의 표를 얻어서 신민당 김대중 후보를 약 95만 표 차로 누르고 어렵게 당선하였다. 이어진 5월 국회의원 총선거에서는 야당인 신민당이 김대중의 전국적인 유세에 힘입어 전체 44.4%의 득표율로 89석을 획득하여 개헌 저지선을 훨씬 상회하는 의석을 얻는 실질적인 승리를 거두었다. 이제 박정희는 합법적인 방법으로는 다음 대통령 선거에 출마할 수 없었다.

1972년 10월 박정희는 갑자기 비상계엄령을 선포하고 국회를 해산한 후 정당 활동을 금지했다. 대통령과 정부를 비판한 국회의원들이 중앙정보부와 보안사령부에 끌려가 고문을 당하고 야당의 거물 정치인들은 대부분 가택연금되었다. 이어서 대통령 간선제와 연임 제한 철폐를 주요 내용으로 하는 헌법 개정안이 제출되었고, 11월 공포 분위기 속에서 진행된 국민투표에서 91.5%로 개헌안이 통과되었다. 이른바 '유신헌법'이 탄생한 것이다.

유신헌법에 따르면 통일주체국민회의라는 새로운 기구를 설치해 대통령을 간접선거로 선출하고 국회의원의 3분의 1도 여기서 뽑게 되어 있었다. 통일주체국민회의의 대의원은 정권의 뜻대로 투표했기 때문에 박정희는 사실상 종신 대통령이 될 수 있었다. 유신헌법에 따라 실시된 제8대 대통령 선거에 박정희는 단독으로 출마했고 99.55%의 지지율로 당선하였다. 유신체제는 국민의 강력한 저항에 부딪혔다. 이에 대항하여 박정희는 긴급조치 1~9호를 차례로 발동하여 유신체제에 반대하는 인사들을 군법회의에 회부하였다. 민주주의 말살과 인권 탄압은 한층 심해졌다.

8.3 사채동결

경제가 성장하면서 기업들의 자금 수요가 크게 늘었는데, 제도권 금융기관이 발달하지 않은 상황에서 고금리 사채에 의존하는 기업들이 많았다. 연리 40~50%의 고금리에 불황이 닥치면서 기업의 생존이 위태로워지자, 전경련 김용완 회장은 대통령에게 기업들의 사채를 아예 동결시켜달라고 요청하였다.

정부는 1972년 8월 대통령 긴급명령으로 사채동결 조치를 발표하였다. 주요 내용은 신고한 사채 금액에 대해 금리 월 1.35%에

3년 거치 5년 분할로 상환한다는 것이다. 해당 기업에는 엄청난 혜택이지만 사채를 빌려준 쪽에는 청천벽력 같은 조치였다. 덕분에 경제성장률은 1972년 7.2%에서 1973년 14.9%로 치솟았다. 야당과 학계에서는 국민의 기본 재산권의 침해이며 자유와 권리를 박탈한 위헌이라고 비판하였다. 8.3사채동결 조치의 최대 수혜자는 수출 중심의 대기업들이었다. 정부는 대기업에 특혜를 주고 지원하는 대신에 기업 소유구조와 지배구조 개혁을 강력히 요구하였으나 성과는 미비하였다.

중화학공업과 방위산업 육성

중화학공업 육성 정책은 1973년 1월 대통령 특별선언 이후의 경제정책을 말한다. 이는 단순히 경공업 이후 발전단계로서 중화학공업 육성을 말하는 게 아니다. 핵심은 방위산업을 육성하는 것이었고 경제정책보다는 안보정책으로 볼 수 있다. 준비도 경제부총리가 배제된 채로 비서실장과 경제 2수석을 중심으로 비밀리에 이루어졌다. 닉슨의 미군 철수로 안보에 위협이 생기자, 박정희는 1970년 국방과학연구소를 설립하고 '4대 핵심공장 사업단'을 구성하여 종합기계, 조선, 주물선, 특수강 등 4개 분야의 공장 건설을 추진했다. 이는 선박, 탱크, 장갑차, 대포 등 전쟁 무기를 즉시 만들 수 있는 업종들이다.

박정희는 1973년 연두 기자회견에서 철강, 비철금속, 조선, 자동차, 기계, 화학 등 6개 중화학공업을 선정하고 업종별로 특화된 공단을 전국에 지정 건설하겠다고 발표하였다. 여기에 참여하는 대기업에는 시중금리의 절반 정도 조건으로 자금을 빌려주는 특혜를 주었다. 해당 분야의 지원으로 민간 대기업이 성장하여 수출에 크게 기여하면서, 당초 계획보다 3년 앞당겨서 100억 달러 수출과 1인당 국민소득 1000달러를 달성하였다.

김대중 납치 사건

1972년 유신이 선포되던 날, 일본에 머물던 박정희의 최대 정적 김대중은 귀국을 포기하고 미국으로 건너가 한국민주회복통일촉진국민회의(한민통)를 조직했다. 1973년 7월 일본에 입국하여 한민통 일본 본부를 설치하기 위해 활동하던 김대중은, 8월 도쿄의 그랜드 팔레스 호텔에서 한국 중앙정보부 요원들에게 납치된다. 납치범들은 용금호라는 배에 그를 태운 뒤 바다에 빠뜨려 살해하려고 했으나, 이를 눈치챈 미국이 비행기로 감시하는 바람에 성공하지 못하고 한국으로 데려와 가택연금을 하였다. 이 사건으로 한국은 일본과 외교 문제가 발생하고 국내외에서 비판을 받았으며, 김대중은 한국 민주주의의 상징과 같은 인물로 세계에 알려졌다.

부마항쟁과 10.26사건

1979년 10월 7일 제10대 국회의원 총선거에서 김영삼 총재가 이

끄는 야당인 신민당은 지역구에서 여당인 공화당에 의석수는 뒤졌지만 득표율은 앞서는 성적을 거두었다. 공화당은 지역구에서 과반 의석을 얻지 못하는 패배를 당했다. 박정희는 유신체제 유지에 대해 불안감을 갖게 되었다. 이보다 앞선 9월 김영삼 총재는 《뉴욕타임스》와의 인터뷰에서 "미국이 박정희 정권에 대한 지지를 철회할 것"을 요청하며 유신체제를 비판하였고, 여당은 이것이 "반국가적 언동"이라며 10월 4일 김영삼을 국회의원직에서 제명하였다. 이 일로 김영삼은 "닭의 목을 비틀어도 새벽은 온다"라는 유명한 말을 남기며 민주화운동의 상징적 인물이 되었다.

이후 부산과 마산에서 대규모 민주화 시위가 벌어져(부마항쟁) 계엄군이 투입되었다. 같은 해 10월 26일 부마항쟁에 대한 책임 논쟁을 하던 중 궁정동 안가에서 김재규 중앙정보부장이 박정희를 권총으로 살해하여 유신체제가 막을 내렸다.

3. 주요 업적과 평가

박정희 가장 큰 업적인 경제성장과 관련해서는 먼저 '경제개발 5개년 계획'의 내용과 성과를 살펴볼 필요가 있다.

경제개발 5개년 계획

제1차 경제개발계획(1962~1966년) 기간 연평균 성장률은 약 8.3%였다. 쿠데타로 집권한 군사정권은 가시적인 경제 성과가 급했다. 하지만 경제에 문외한이었던 까닭에 제2공화국의 경제개발 계획서를 모방하여 급하게 추진했다. 자립경제와 균형성장이 목표였지만, 국내시장이 형성되지 않았고 자본이 부족한 한국의 경제상황을 간과한 결과 성공적으로 진행되지 못했다는 평가를 받는다. 이 기간 경제성장률이 수치상으로 비교적 높았던 이유는 베트남 특수와 재일 동포들의 재산 반입이 있었던 덕분이다.

제2차 경제개발계획(1967~1971년) 기간 연평균 성장률은 약 11.5%였고 실업률은 4%로 줄었다. 이때는 1차 개발계획의 실패 경험을 교훈 삼아 경제발전 방향을 돌렸다. 자립경제에서 외자도입과 수출 중심, 불균형 성장, 비료와 화학 같은 기초 중화학공업 육성, 고용확대, 산아제한, 과학기술 진흥, 식량 자급자족 등을 중점 추진하는 쪽으로 방향을 전환한 것이다. 이 시기 본격적인 경제성장이 이루어지기 시작하고 국가운영 체계도 자리를 잡기 시작하였다.

제3차 경제개발계획(1972~1976년) 기간에는 연평균 성장률이 약 10.5%를 기록하였으며, 1972년 1인당 GNP가 처음으로 북한을 추월하였다. 중동 건설 특수가 시작되면서 수출기업과 해외에 진출한 건설기업이 본격적으로 외화를 획득하기 시작하였다. 그러나 1974년 제4차 중동전쟁 발발로 전 세계가 오일쇼크에 빠지고 한국 경제도 스태그플레이션을 겪으며 서방에 국가부도설이 퍼지는 위기 상황도 있었다. 또한 전태일 분신 사건을 계기로 노동자들의 비참한 삶에 대한 반성이 일어나고 재벌 중심의 불균형 성장과 불완전 성장의 문제점이 드러났다.

제4차 경제개발계획(1977~1979년) 기간 연평균 성장률은 10.7%를 기록했고, 유신체제의 종말과 더불어 경제개발계획도 막을 내렸다. 이 시기에 수출기업에 준 과도한 혜택이 문제가 되었고, 양적인 팽창만을 추구한 것이 부작용을 일으켰다. 그동안 집중 투자한 중화학공업의 과잉생산과 중복투자가 악영향을 끼치면서 관련 기업들이 쓰러지기 시작했으며, 1979년 2차 오일쇼크로 무역적자가 확대되자 심각한 경제위기 상황이 도래하였다.

경제·사회 분야

1~4차 경제개발계획이 한국의 경제성장에 크게 기여했다. 하지만 세부적으로 살펴보면, 1차 계획은 의욕만 앞서서 구체적인 성과를 내지 못한 면이 많고, 4차 경제개발계획은 중화학공업 중심으로 양적 성장에만 집중한 결과 그동안 쌓인 문제점들이 터지면서 심각한 경제위기 상황이 도래한 시기라고 볼 수 있다.

이와 달리 2~3차 경제개발계획 기간에는 수출이 늘면서 경제가 성장했을 뿐 아니라 국세청 설립과 부가세 도입으로 재정이 안정됐고, 의료보험을 도입하는 등 사회복지 정책들이 시작되었다.

농업 분야에서 식량 자급을 달성하고, 한국전력, 한국통신, 산업은행, 도로공사, 주택공사 등 기간산업과 관련된 대형 공기업을 설립하여 국가 운영을 체계화했다. 카이스트, 국방연구원, 원자력연구원 등 미래 지향적인 교육 연구 기관들도 설립했다.

여러 국책사업은 경제발전과 더불어 박정희 정부의 가장 큰 공적이다. 대표적인 사업은 경부고속도로 건설과 포항제철 준공인데, 두 사업 모두 국내외 전문가와 은행의 반대가 커서 자금 조달에 어려움이 많았다. 이에 경부고속도로 건설 자금은 전액 세금으로 충당하였고, 포항제철은 대일 청구금액을 이용해 건설하였다.

반면에 정경유착을 통해 특혜 지원을 받은 재벌의 성장과 도시빈민의 형성은 어두운 그림자이다. 자본주의 기본 원칙을 무시한 8.3사채동결 조치는 부채 비율이 높은 대기업만 특혜를 보는 결과를 가져왔다. 생활이 어려운 농민들은 농촌에서 도시로 이주하여 새로운 도시빈민이 되어 기본 생계비에도 미치지 못하는 임금을 받고 생활하였다. 정부는 저렴한 인건비에 기반한 수출기업을 지원하며 비참한 노동자의 삶은 방관하고 노동자의 단체활동을 탄압하였다.

종합하면 박정희에게 '조국 근대화'는 지상과제인 동시에 군사쿠데타와 장기 집권을 합리화할 수 있는 최고이자 유일한 카드였다. 그래서 다른 모든 것을 포기하더라도 경제성장만은 꼭 이루려는 욕심이 강했다. 목표를 달성하기 위하여 절차상 하자를 그냥 넘어가고 수단과 방법을 가리지 않았다. 2년 반 만에 경부고속도로를 준공한 '기적' 뒤에는 공사 중 사망한 77명의 희생이 있었다. 그렇게 '한강의 기적'이라 불릴 수 있는 경제성장을 이루고 선진적인 국가 운영 체계도 정착시키면서 최빈국 국가를 중진국으로 성장시키고 장기적으로 국가발전의 기틀을 마련했다.

정치·외교·안보 분야

이 부문에서는 긍정적인 평가보다 부정적인 평가가 훨씬 많다. 그 중에서도 장기 독재를 지속하고 민주주의를 말살하면서 국민의 기본 인권을 탄압한 것이 특히 비판을 받는다. 전반기에 해당하는 제5대, 제6대 대통령 선거까지는 큰 문제가 없었으나 1969년 3선 개헌을 추진하면서 공화당 내의 분열과 갈등이 시작되었고, 1972년 유신헌법이 선포되면서 인권 탄압과 민주주의 말살은 극에 달했다. 종신 대통령의 길을 완성한 박정희는 체제 반대 의견을 일절 피력할 수 없도록 언론을 통제하고 긴급조치를 발동하여 국민의 기본권을 제한하였다. 그러다 2차 오일쇼크로 경제 분야에서 먼저 위기가 나타났고, 1979년 국회의원 총선거에서 여당이 참패하였으며, 부산과 마산에 위수령을 발동하여 국민을 탄압하다가 비참한 종말을 맞이하였다.

　　외교 분야에서 일본과는 전반적으로 우호적인 관계를 유지하였다. 박정희 본인이 일본의 군국주의식 국가경영 시스템을 동경하면서 한국의 경제성장을 위하여 필요한 것으로 인식하고 있었기 때문이다. 미국과는 1960년대 중반부터 베트남전쟁 파병으로 우호적 관계를 유지했으나, 한국의 핵개발 추진 및 유신헌법 제정과 인권 탄압 등의 이유로 1970년대 중반 이후에는 최악의 갈등 관계가 계속되었다. 북한과는 치열한 체제 경쟁을 벌이며 대립했지만 서로 상대를 독재 정권 유지의 빌미로 활용한 측면도 있다.

종합하면 박정희는 쿠데타를 감행할 때부터 종신 대통령을 꿈꾸고 있었던 것으로 보인다. 부하들의 충성 경쟁을 부추겨 서로 싸우게 만들고 '2인자'를 용납하지 않았다. 민정 이양과 군으로 돌아가겠다는 대국민 약속도 여러 차례 뒤집었으며, 3선 개헌과 유신헌법으로 민주적 정당성을 모두 잃어버렸다. 한일 국교 정상화와 베트남전쟁 파병은 미국의 압력에 대응하고 경제발전에 필요한 자금을 마련하기 위해 정통성이 부족한 군사정권이 선택할 수밖에 없었던 것이라 볼 수 있다.

4. 정치적 자질 평가

○ **시대정신:** 시대정신은 빈곤 탈출과 경제성장, 반공과 국방력 강화라고 볼 수 있다. 이승만 정권에 이어 제2공화국에서도 1인당 국민소득이 아시아 최하위권 수준인 상황에서 경제성장과 극심한 빈

곤 탈출은 지상과제였다. 경제성장과 근대화를 이루겠다는 박정희의 인식은 정확하였고, 이를 통하여 국방력을 강화하고 대북 우위의 국가체제를 건설하겠다는 것은 긍정적으로 볼 수 있다.

○ **국정비전:** 경제성장을 최우선 과제로 삼고 추진 방향도 비교적 구체적으로 제시하였다. 국정비전을 달성하기 위한 세부 방법론이 초기에는 없었으나, 1차 경제개발계획의 시행착오 뒤 2차 경제개발 계획부터는 체계적으로 진행되었다. 경제성장을 이룩하면서 점차 조세와 복지제도, 국방 등에서도 국정운영이 체계적으로 이루어졌으며, 정부와 기업이 각각 중점적으로 추진해야 할 사업과 과제를 명확하게 제시하며 이끈 면이 우수하다. 사회간접자본과 관련한 대형 공기업을 설립하고 과학기술 발전에 필요한 각종 연구원을 설립하여 미래를 준비한 면도 우수하다고 볼 수 있다.

○ **도덕성:** 본인뿐 아니라 가족, 친인척의 비리나 부패는 거의 없던 것으로 보이며 스스로 이 부분은 철저하게 관리했던 것 같다. 단 장기 집권을 하면서 민주주의 말살과 인권 탄압이 매우 심했으며, 정권 유지를 위한 권한 남용과 정경유착 및 공화당의 부패가 만연했던 것은 오점이다.

5. 리더십 역량 평가

○ **인지 영역:** 지능이 우수하고 학습 능력이 뛰어나며 잘 모르는 분야는 전문가의 조언을 수용하고 핵심을 파악하는 능력이 우수하다. 이 역량이 상당히 높은 편이지만 일본 군국주의식 시스템을 동경하는 군인 출신으로 민주주의의 다양성을 이해하지 못했고, 국제정세 변화에 대해서는 경직된 사고를 하는 한계를 보인다.

　　-통찰력(4.0): 세계 최빈국을 중진국으로 발전시킨다는 목표로 경제개발계획을 수립하고서 발전단계의 핵심이 무엇인지를 정확하게 파악하고 분야별 방향성을 제시했다. 상황을 종합적으로 분석하고 파악해 합리적으로 접근하는 능력이 우수하다.

　　-변화혁신(3.5): 혼란스러운 사회를 안정시키고 개혁을 추진하려고 쿠데타를 일으켜서 집권한 점과 자립경제에서 수출 주도 경제로 정책을 전환하여 성공을 거둔 점, 새마을 운동으로 농촌의 모습과 생활을 바꾸려 시도하고, 농촌을 넘어 전국으로 확대 시행한 점을 보면, 사회를 변화시키려는 욕구와 변화에 대한 이해 및 수용 능력이 높아 보인다. 단 유신체제 이후에는 미국과 갈등을 빚고 인권을 강하게 탄압하며 국내외

정치·사회 변화에 제대로 대처하지 못하는 모습을 보였다.

-의사결정(4.0): 쿠데타를 주도하고 국정을 앞장서 지휘했다. 목표와 달성 방법을 제시하고 적극적으로 지원하였으며, 필요시에 전문가 의견을 수렴한 후에 과감한 의사결정을 통하여 과업을 추진하였다. 초중반에 경공업에서 중공업으로 목표를 전환하고, 중후반에 자주국방과 과학기술 지원 등 미래 지향적인 과업을 준비하였으며, 주변의 반대에도 불구하고 경부고속도로와 포항제철 건설에 나서고 부가세 제도를 도입했다. 이를 볼 때 상황에 맞는 합리적이고 과감한 의사결정을 적절하게 하는 것으로 볼 수 있다.

-국제외교감각(2.0): 기본적으로 일본 군국주의식 사고방식이 강해서 경직된 사고를 하는 경향이 있다. 1970년대 이후 미소 간 데탕트, 인도차이나반도의 공산화, 석유파동 등 국제정세 변화에 제대로 대처하지 못한 면이 있으며, 유신체제 강화로 인하여 국제 사회에서 더욱 고립되고 미국과의 갈등이 심해졌다.

○ **업무 영역:** 쿠데타를 주도하고 성공한 군인 출신으로 이 영역에 해당하는 모든 역량이 높은 것으로 나타난다. 꼭 필요한 정책이라

는 판단이 서면 주변의 반대에도 불구하고 많은 정책을 강력하게 집행하였다.

-**문제해결**(4.0): 베트남 특수와 일본과 국교 정상화를 통하여 경제발전에 필요한 외자를 조달하고, 외화 획득을 위한 수출 정책에 장애가 되는 요인은 무조건 해결하였다. 위기 상황이 발생하면 무리한 수를 써서라도 돌파하려 하며, 문제의 본질과 원인을 파악하고 대처하는 면이 우수하다. 국방력 강화와 장기적인 경제성장을 위하여 중화학공업을 육성한 것은 근본적이고 장기적인 해결 방안을 마련한 것으로 평가할 수 있다.

-**추진력**(4.5): 한일 국교 정상화 합의, 8.3사채동결 조치, 사회간접자본시설 건설과 기간산업 육성 등을 보면, 오랜 고민 끝에 목표가 정해지면 주변의 반대에도 불구하고 강력하게 추진하는 타입이며, 중간에 어려움에 봉착하더라도 이를 극복하려는 의지와 행동이 매우 강하게 나타난다.

-**조직관리**(3.5): 군과 관료 등 부하들의 특성과 장점을 파악하고 적절한 권한과 책임을 위임하여 과업을 추진하는 면이 우수하다. 특히 외교와 경제처럼 전문

성이 요구되는 영역에서 유능한 전문가와 관료들을 적재적소에 배치하고 권한을 부여하여 활용하는 면도 우수하다. 대표적으로 장기영, 김학렬, 남덕우 등은 경제부총리로서 강력한 권한을 갖고 한국 경제를 설계하고 주도하였다. 정치 분야에서는 상황에 맞게 부하들을 적절히 이용하고 경쟁을 부추기면서 충성심을 유도하여 자신의 권력을 유지하는 면이 강하게 나타난다. 단 1970년대 중반부터 독재정치를 강화하면서 주변인의 장막에 둘러싸인 뒤로는 이 역량이 제대로 발휘되지 못했다.

○ **관계감성 영역:** 다른 영역에 비하여 상대적으로 약한 영역이다. 기본적으로 감성적 인간관계에 관심이 적은 것으로 보인다. 이렇게 타고난 면도 있겠지만, 일본 군국주의 시스템을 동경하는 군인 출신으로서 모든 일이 군대식으로 일사천리 움직이는 것을 선호하여 더욱 강화되었다고 볼 수 있다.

  -공감소통(2.0): 자신의 사상과 신념이 옳다는 생각이 매우 강하고 토론이나 대화를 통한 합의와 협력을 선호하지 않는다. 군인 출신으로 상명하복의 일방적인 소통이 가장 효율적이라는 사고가 강하다. 가끔 농

민들과 막걸리를 마시고 밤에 서울 시내를 암행 순찰한 적이 있다고 하나 이는 정보수집이 목적인 행동이었다고 보는 게 타당하다. 국민 의견 수렴에는 별 관심이 없는 것으로 보인다.

-자기확신(4.0): 군사 쿠데타를 일으키고 정권을 잡은 것이나 집권 후 정책 추진 과정을 봤을 때, 특정 사안에 대하여 확신이 서면 흔들리지 않는다는 것을 알 수 있다. 자신이 옳고 자신만이 할 수 있고 성공할 수 있다는 신념이 매우 강하다. 이 역량이 높아서 경부고속도로나 포항제철 건설이 성공할 수 있었다고 볼 수 있다.

-관계관리(1.5): 대부분의 인간관계를 자기를 중심으로 한 군대식 상하관계로 유지하는 것을 선호한다. 대외적으로 미국 정치 지도자나 유력인사들과 자주 갈등을 일으켰으며, 국내 야당 지도자나 시민단체들과 대화하지 않고 그들의 존재 자체를 자신이 계획하고 진행하는 국가 발전에 방해물로 여기는 경우가 자주 나타난다.

6. 총평

조국 근대화와 경제발전을 통한 빈곤 탈출, 그리고 북한과의 체제 경쟁에서 승리하는 것을 평생의 과업으로 생각하며 살았다. 이 두 가지 목표를 달성하는 과정에서 발생하는 부작용이나 피해자들의 입장에는 별 관심 없이 수단과 방법을 가리지 않고 진행하여 상당한 업적도 이루었지만 과오도 컸다. 모든 국민이 자신이 정한 한 가지 방향으로 행동하기를 바랐으며, 결국 장기 독재를 이어가다 측근의 암살로 끝을 맺는다.

성향은 내성적이면서 매우 권력 지향적이며, 성공에 대한 집착과 성취 지향성이 매우 높은 것으로 보인다. 또한 자신의 권위에 도전하는 부하나 반대파를 인정하지 않는 권위주의적 성향이 매우 강하다. 일본 육군사관학교에 가고 일본 항복 후 광복군 중대장을 한 점, 남로당에 가입했으나 이후 반공을 국시로 삼은 점을 기회주의적인 행태 혹은 변절이라고 평가하는 시각도 있으나, 이는 그가 품은 조국 근대화라는 사명감에 더하여 권력 지향, 성취 지향, 성공 집착이 워낙 강한 것에 기인한 행로라고 볼 수 있다. 이런 성향이 강하기 때문에 종신 대통령을 꿈꾸었고, 장기 집권에 집착한 뒤로는 강점 역량이 제대로 발휘되지 못했다.

대통령으로서 공은 1) 기적과 같은 경제발전을 이룩하여 최빈국에서 중진국으로 도약한 것, 2) 선진 국가운영 시스템을 마련하고 운영한 것, 3) 대형 국책사업과 자주국방을 추진한 것을 들 수 있는데, 세 가지 모두 그의 개인적 역량이 우수했기 때문에 이룬 것으로 판단할 수 있다.

과는 1) 장기 군사독재를 이어가며 벌인 민주주의 말살과 인권탄압, 2) 정경유착과 사회 약자에 관한 무관심을 들 수 있는데, 이 두 가지도 환경적인 부분보다는 그의 개인적 성향과 가치관에서 기인한 것으로 볼 수 있다.

전 두 환

1980~1988

1. 생애(1931~2021)

전두환은 1931년 경남 합천군에서 전상우와 김점문의 6남 4녀 중 넷째 아들로 태어났다. 국민학교 4학년 때 아버지가 일본 순사와 시비가 붙어서 싸우다가 상대를 살해하게 되었고, 이 일로 가족은 만주로 도피하여 1년 3개월간 숨어 살다가 귀국하였다.

1951년 육군사관학교 11기로 입학하였고 1955년 임관해 군 생활을 시작했다. 1961년 군사 쿠데타가 발생하자 강영훈 육사교장의 지시를 무시하고 생도들을 설득하여 지지 시가행진을 주도하였다. 이 공로를 인정받아 국가재건최고회의 의장실 비서관으로 발탁돼 근무하면서 박정희의 신임을 받고 고속 승진을 시작하였다. 1963년 중령으로 진급하여 중앙정보부 인사과장을 맡았으며, 이때 군대 내 사조직인 하나회를 결성하였다. 1974년 준장으로 승진하고, 1976년 대통령 경호실 차장보로 임명되어 다시 박정희 옆에서 근무하게 되었다. 1978년 1사단장을 거쳐 1979년 국군 보안사령관에 임명되고, 10.26사건이 발생하자 계엄사령부 수사본부장에 임명되어 군대 내 모든 정보를 장악하고 실세로 떠올랐다.

하나회 회원들을 중심으로 12.12쿠데타를 주도하여 군을 완전히 장악하였고, 1980년 4월 중앙정보부장 서리에 임명되며 실질적으로 정권을 장악하였다. 5월 17일 최규하 대통령을 압박해 계엄을 확대했으며, 김영삼, 김대중, 김종필을 체포하여 구금 또는 가택연금했고, 광주에서 이에 항의하는 학생과 시민들의 시민 봉기가 일어나자 공수부대를 투입하여 무력으로 진압하였다. 8월 6일 스스로 대장으로 진급한 후 전역했으며, 8월 27일 통일주체국민회의에서 제11대 대통령으로 당선하고 이후 개헌을 거쳐 1981년 선거인단에 의한 간접선거로 제12대 대통령에 당선하였다.

퇴임 후 잠시 국가원로자문회의 의장으로 있었다. 1988년 국회의원 총선거에서 민정당의 참패로 여소야대 정국이 형성되자, 11월 제5공화국 청문회가 열려 5.18광주민주화운동 당시 민간인 학살과 5공 비리의 진상을 규명하기 시작했다. 같은 달 23일 전두환은 강원도 백담사로 사실상 유배되었다. 김영삼의 문민정부 시절인 1996년 1월 내란 및 반란 혐의로 구속·수감되었다가 1997년 12월 특별사면으로 풀려났다. 뇌물죄로 2205억 원의 추징금을 선고받았으나 1672억 원을 미납하며 버티다가, 2021년 11월 자택에서 지병에 따른 노환으로 사망하였다.

2. 주요 정책과 사건

국가보위비상대책위원회 설치

1980년 5월 30일 국가보위비상대책위원회가 발족하였다. 이 조직은 5.16쿠데타 직후에 설립된 '국가재건최고회의'의 복사판으로

급조된 것으로, 국회 활동이 정지된 상황에서 신군부가 국민의 환심을 얻고 자신들의 집권을 정당화할 수 있는 개혁정책을 추진하기 위하여 만든 것이다. 이 위원회를 통해 통행금지 해제, 학생 교복 자율화, 과외교습 금지와 대학 졸업정원제, 부정부패 공직자 숙청, 삼청교육대 설치 운영, 언론사 통폐합 등이 강압적으로 시행되었고, 공정거래제도 도입과 같이 경제적 이해관계가 복잡하여 입법하기 어려운 법과 제도도 마련되었다. 국가보위비상대책위원회는 1981년 1월 해체되었다.

제5공화국 출범과 제12대 대통령 당선

대통령 7년 단임제를 골자로 하는 제5공화국 헌법 개정안이 1980년 10월 22일 국민투표에서 통과되었다. 개정된 헌법에 따라 1981년 2월 실시된 선거인단에 의한 간접선거에서 전두환은 90.2%의 표를 얻어 제12대 대통령에 당선하였다. 이어서 유력 정치인들이 정치 규제에 묶여 정치활동과 출마가 봉쇄된 가운데 치러진 제11대 국회의원 선거에서 여당인 민주정의당(민정당)은 276석 중 151석을 차지해 과반 의석을 확보하였다.

경제안정화 정책과 3저 호황

제5공화국은 물가안정을 최우선 경제정책으로 추진하였다. 안정론자인 신병현 부총리와 김재익 경제수석은 1981년 집권 초기부터 강력한 금융 긴축 정책을 추진하면서 정부예산을 줄이고 기업에 임금 인상 억제를 강력하게 주문하며, '한 자릿수 물가'를 강조하였다. 그들은 대통령 주변 측근들과 국회의 반대에도 불구하고 추곡수매가 동결, 예산 동결, 정부의 한국은행 차입금 금지, 공무원 임금 동결, 수입 억제 등 비인기 정책을 강력히 실행하여 1980년 30% 가까이 됐던 물가상승률을 1982년 7.2%로 억제하는 데 성공하였다. 또한 1970년대 과잉 중복 투자된 중화학공업 분야에서 기업 통폐합을 단행해 거대 재벌을 양성하고 기업의 국제경쟁력을 강화하였다. 이후 1985년 G5 정상회담을 계기로 나타난 저유가, 저금리, 저달러 여건에서 한국 경제는 경제수지 흑자, 외환보유액 급증, 국가부채 감소, 수출 신장을 이루는 소위 '3저 호황'이라는 최대의 경제 호황을 맞이했다.

부산 미국문화원 방화 사건과 서울 미국문화원 점거 농성 사건

1982년 3월 대학생들이 부산 미국문화원에 휘발유를 뿌리고 불을 질러 시설이 전소되는 사건이 터졌다. 5.18광주민주화운동의 폭력 진압을 묵인한 미국의 책임을 묻고 전두환 정권의 폭압적인 통치에 항의한 행동이었다. 한국에서 발생한 최초의 반미 사건으로 국민과 사회에 충격을 주었다.

그로부터 2년이 지난 1985년 5월 서울대를 비롯한 서울 소재 5개 대학교의 학생 73명이 서울에 있는 미국문화원을 점거하고

3일간 농성을 하였다. 학생들은 "광주학살 책임지고 미국은 공개 사과하라"는 구호를 내걸고 미국 대사와의 면담을 요구하며 단식농성을 하였다. 3일간 농성 후 학생들은 자진 해산하고 경찰에 연행되었다. 이후 학생들은 미상공회의소, 민정당 중앙연수원 등을 점거 농성하는 투쟁을 이어나갔는데, 이러한 활동은 미국에 대한 비판의식이 본격적으로 퍼지는 계기가 되었다. 대학가 운동권은 민족해방(NL)계가 주류를 이루었고, 전두환 정권을 향한 저항은 더욱 강경해졌다.

이철희-장영자 어음 사기 사건

1982년 5월 검찰은 이철희, 장영자 부부를 구속하고 이순자의 삼촌인 이규광을 구속하였다. 이철희와 장영자는 자금난에 시달리는 기업들에 권력을 이용한 자금 지원을 약속하고 그 대가로 빌려준 금액의 몇 배에 달하는 어음을 받아서 이를 사채시장에서 할인하거나 은행에 담보로 제공해 돈을 빌리는 방법으로 사기행각을 벌였다. 이렇게 해서 그들이 획득한 총액은 6400억 원에 달했다. 이 사건에 연루된 일신제강, 공영토건 등 대기업이 부도를 맞고 금융계와 증권시장이 큰 충격을 받으면서 은행장과 기업체 간부 등 30여 명이 구속되었다.

　이철희-장영자 어음 사기 사건은 "단군 이래 최대 규모의 금융 사기 사건"으로 불렸고 장영자의 형부이자 이순자의 삼촌인 이규광이 뇌물수수 혐의로 구속되면서 제5공화국 정권은 도덕성에 치명타를 입었다. 또한 이 사건 처리 과정에서 쿠데타를 주도한 5공 실세들 사이에 분열이 일어났다.

김대중 사면과 김영삼 단식투쟁

신군부는 쿠데타 과정에서 반대 세력을 탄압하기 위해 1980년 김대중을 내란음모죄로 몰아 체포했고, 1981년 김대중은 사형이 확정되었다. 그러나 미국과 일본 등 국제사회가 김대중을 석방하라는 압박을 지속하자 무기징역(나중에는 20년형)으로 감형되었으며, 1982년 12월 전두환은 한국을 떠나 미국으로 가는 것을 조건으로 김대중을 사면했다. 김대중은 미국에서 한국인권문제연구소를 개설하여 한국 민주화와 인권 문제를 국제사회에 알리는 데 주력하였다.

언론과 철저하게 격리된 채 가택연금 상태에 있던 김영삼은 1983년 5월 성명을 발표하고 23일간 단식을 감행하였다. 이런 가운데 정치활동을 금지당한 정치인들이 시국 선언문을 발표했고, 세계 언론이 이를 국제사회에 알리기 시작했다. 이어 김대중과 김영삼은 야권의 단결을 이끌며 1984년 8월 민주화추진협의회를 결성하였고, 이 조직을 기반으로 1985년 신민당이 창당되어 제12대 국회의원 총선거에서 제1야당이 되었다.

아웅산 묘소 폭탄 테러 사건

1983년 10월 대통령의 동남아 순방 중 미얀마 양곤에 있는 아웅산 묘소에서 북한 공작원에 의한 폭탄 테러가 발생하였다. 대통령 도착 전에 폭탄이 터져서 대통령은 무사했지만, 그를 수행하던 부총리와 외무부 장관 등 한국 고위 관료 17명이 사망하고 14명이 부상 당했다.

이 사건으로 여러 국가가 북한과 단교했고, 국제사회에서 입지가 좁아진 북한은 외교, 경제 등 모든 면에서 남한과 격차가 더욱 벌어지게 되었다. 남한에서는 북한에 대한 적개심과 안보의식이 증가하였고, 정권에 대한 지지도가 잠시 상승하였다.

10.28건국대학교 사건

1986년 10월 28일 전국 26개 대학교 학생 약 2000명이 건국대학교에 모여 '전국 반외세 반독재 애국학생투쟁연합' 결성식을 개최하였다. 경찰의 강경 진압에 학생들은 4개 건물에 흩어져 3일간 점거 농성을 벌였다. 경찰은 약 8000명의 병력과 헬기를 동원하여 강제 진압했고, 1288명이 구속되는 초유의 사태가 발생하였다.

이를 계기로 민족해방계 운동권이 대학생 운동권의 주류로 확실하게 부상하였다. 이들은 반미자주화, 반독재민주화, 조국통일이라는 투쟁 목표를 제시하였다. 이 사건은 1987년 6월 민주항쟁의 도화선이 되었다.

박종철 고문치사, 이한열 사망과 6.10민주항쟁

1987년 1월 서울대학교 학생 박종철이 경찰 수사 과정에서 물고문과 전기고문을 당하다 사망하였다. 경찰은 이 사건을 은폐하려다가 국민적 공분을 일으켰다. 6월 9일 시위 도중 연세대 학생 이한열이 경찰이 쏜 최루탄을 맞고 쓰러져 한 달 후 사망하였다. 6월 10일 박종철 사망사건 은폐 규탄과 호헌 철폐를 주장하며 민주화를 요구하는 시위가 전국에서 대규모로 발생하였다.

10일 시작한 시위는 노태우의 6.29선언이 나오기까지 20일간 지속되었으며, 약 500만 명이 참가한 것으로 추산된다. 학생뿐 아니라 노동자와 일반 시민까지 참여가 확대된 시위였으며, 폭력적 충돌을 최소화하고 자동차 경적 울리기와 손수건 흔들기 등 다양한 평화적 방식으로 진행되었다. 노태우는 6.29선언에서 대통령 직선제 개헌을 약속했고, 이후 김대중 등 정치범의 사면과 복권이 이루어졌다.

직선제 개헌과 노태우 당선

1987년 10월 29일 대통령 직선제를 골자로 하는 제9차 개헌안이 국민투표에서 통과되었다. 같은 해 12월 26일 16년 만에 대통령 직선제 선거가 실시되어 여당의 노태우 후보가 야당의 김대중, 김영삼, 김종필을 누르고 36.6%의 득표율로 당선하였다. 이 득표율은 역대 대통령 선거에서 가장 낮은 수치이다.

노태우 당선의 결정적 요인은 김대중과 김영삼의 단일화 실패이며, 대한항공 858편 폭파 사건(KAL기 폭파 사건)도 안보 불안 심리를 조성해 영향을 주었다. 이로써 소위 '87년 체제'가 시작되어 형식상 민주주의는 이루었으나, 실질적으로는 군사정권의 연장이 이루어졌다고 볼 수 있다.

3. 주요 업적과 평가

경제·사회 분야

경제성장률은 1980년 마이너스 성장 이후 집권 기간 내내 약 10% 내외를 기록하였다. 세계경제가 3저(저금리, 저유가, 저달러) 시대에 돌입하고 올림픽 특수가 겹쳐서 1986~1988년에는 평균 12%의 고성장을 기록하였다. 반면에 물가상승률은 1980년 28.7%에서 1981년 21.4%, 1982년 7.2%, 1983년 3.4%로 차츰 안정되었다. 대기업 강제 합병을 통해 거대 재벌을 양성하여 기업의 국제경쟁력을 강화시켰으나, 이 과정에서 정경유착과 불법 정치자금 수수가 만연하였다. 또한 장영자 사건, 명성 사건, 영동개발 사건 등 초대형 사기 사건이 발생하였고, 이 사건의 배후에 이규동(대한노인회), 전경환(새마을운동중앙회), 이순자(새세대육성회) 등 대통령 가족과 친인척이 개입하였다.

군사정권이면서도 국민 복지와 관련한 진보적 경제정책을 많이 도입하였다. 1986년 국민연금과 최저임금 제도를 입법하였고, 1987년 국민연금공단 설립으로 본격적인 국민연금 시대를 열었으며, 소비자보호원을 개원하여 대기업의 독점 폐해를 예방하였다. 1988년 최저임금제도를 시행하고 노동청을 노동부로 승격시켰다. 그러나 노동환경은 여전히 열악하였으며, 1987년 4000여 개의 노조가 결성되어 노동운동이 폭발적으로 늘었다. 노동운동은 민주화 운동과 결합하여 더욱 활발해졌다.

취약한 정부 정통성을 보완하기 위하여 급격한 사회규제 완화와 대중영합 정책을 실행하였다. 삼청교육대 설치, 언론통폐합, 통금 해제, 교복자율화, 과외 금지, 대학 졸업정원제 등과 소위 3S(스포츠, 섹스, 스크린) 정책이 대표적이다.

종합하면 1970년대 후반의 경제위기를 벗어나 1980년대 안정적 경제성장을 달성한 것은 전두환 정권의 최대 업적으로 평가할 수 있다. 정권 초기 물가안정으로 내실을 다지고 중반에 3저 호황을 활용하여 성장, 물가, 국제수지 세 마리 토끼를 잡았으며, 올림픽 특수를 이용하여 경제성장을 지속적으로 이룬 것이다. 또한 국민 복지와 관련한 일련의 정책들을 입법한 것도 큰 업적으로 볼 수 있다.

제5공화국의 경제 성과를 박정희 경제정책의 산물로 치부하고 3저 호황이라는 국제적 상황 덕이라고 보는 일부 부정적 시각도 있지만, 박정희 시절 성장과 수출주도 정책에서 안정화 정책으로 과감하게 방향을 선회하여 한국 경제를 연착륙시키는 데 성공했다고 보는 것이 타당할 것이다. 오히려 박정희 정권 말기 심각한 수준의 경제위기를 적절한 보완책으로 수습했다고 할 수 있다. 이 과정에서 전두환은 성장 일변도에서 전환하여 안정화 단계로 가야 한다는 김재익 경제수석의 견해를 적극 수용하였고, 수출기업 지원 축소, 정책금융 축소, 실질금리 보장, 재정 개혁, 중화학공업 지원 제도 재검토를 추진하였다.

정치·외교·안보 분야

박정희 정권에 이어 등장한 전두환 정권은 민주주의를 열망하는 국민의 희망을 또다시 밟아버렸다. 전 정권처럼 군사 쿠데타를 통하여 정권을 찬탈하였으며, 민주화를 요구하는 이들을 탄압했다.

　5공 시절에 새로 나타난 현상 중 하나는 건국 이후 처음으로 반미 구호가 나오기 시작한 것이다. 미국이 5.18광주민주화운동의 폭력 진압에 개입했다는 비판과 함께 반미 의식이 생겨났다. 또 1984년 학원 자율화 이후 대학생과 노동자가 연대한 시위가 활발해졌다. 1985년 제12대 국회의원 총선거에서 신민당 돌풍 이후에 더욱 격해진 민주화운동은 박종철의 죽음으로 촉발된 1987년 6.10 민주항쟁으로 이어졌으며, 결국 전두환은 민주주의를 염원하는 국민의 요구에 굴복하여 대통령 직선제 개헌을 수용하였다.

　올림픽 유치와 개최는 전두환이 가장 심혈을 기울인 작품이었지만, 아이러니하게도 이는 정권의 종말을 불러오는 데 기여했다. 올림픽 개최를 위하여 해외여행 자유화와 문화 개방을 단행한 결과 국민의 의식 수준이 높아졌으며, 시위에 대한 강경 진압과 인권 탄압이 계속되면 올림픽 개최 도시를 변경할 것이라는 국제사회의 경고에 전두환은 군을 동원한 친위 쿠데타를 실행하지 못하였다.

종합하면 제5공화국은 제4공화국과 더불어 정치적으로 최대의 암흑기로 볼 수 있다. 중진국 대열에 합류하여 경제적으로 안정되고 국민 의식이 향상된 상황에서 시민과 학생은 더 이상 군사독재 정권을 인정하지 않고 강력하게 민주화를 요구하였다. 노동자들은 기본권 향상을 위하여 투쟁하였으며, 제12대 국회의원 총선거 이후 정치권도 시민단체와 합세하여 군부정권에 강하게 저항하였다. 결국 시민의 힘으로 민주주의를 회복하는 기간이었다고 할 수 있다.

4. 정치적 자질 평가

○ **시대정신:** 군사독재 정권 종식과 민주주의 실현, 균형 잡힌 경제 성장과 노동자의 삶의 질 향상이 시대정신이라고 볼 수 있다. 그러나 전두환은 시대정신에 대한 이해는 전혀 없었고 오히려 역사 발전에 역행하는 행위를 자행하였다. 5.16쿠데타 이후 권력 주변에서

정치군인으로 성장하면서 권력 쟁취에 대한 열망만을 갖고 있었으며, 10.26사건 이후 국가가 혼란한 틈을 이용하여 국민의 희망과 역사의 흐름을 짓밟으며 다시 군사독재 정권을 수립하였다.

○ **국정비전:** 정권 초반에 국정비전을 고민하거나 제시한 것은 없고, '선진조국 창조'라는 모호한 구호만을 외치고 단편적으로 국풍81처럼 온 국민이 참여하는 이벤트에 주력하였다. 단 집권 이후 시간이 흐르면서 경제안정화 정책과 한미일 협력 강화 등 국정운영 방향을 제대로 제시하였다. 이런 정책을 수행하는 과정에서 쿠데타를 주도한 측근 세력을 배제하고 노신영, 김재익 등 전문관료 그룹의 의견을 수렴한 후에 정책 방향과 방법론을 수립하고 그들에게 적절한 권한을 부여하여 안정적 경제성장과 원활한 외교활동을 진행한 면은 긍정적이다.

○ **도덕성:** 도덕성은 역대 국가 지도자 중에서 가장 낮은 것으로 평가할 수 있다. 군사 쿠데타를 일으켜 정부를 전복하고 5.18광주민주화운동을 유혈 진압하였으며, 민주주의를 요구하는 학생과 노동자들을 무차별 탄압하는 등 민주주의를 훼손시키고 국민의 기본 인권을 짓밟았다. 더불어 일부 재벌에 특혜를 주고 수천억 원의 정치자금을 직접 수수하였으며, 가족과 친인척 중에서도 상당수가 권력을 남용하여 비리와 부패에 연루되고 구속되었다.

5. 리더십 역량 평가

○ **인지 영역:** 지능이나 전문성이 우수한 것은 아니지만 학습 능력이 우수한 것으로 보인다. 경제·외교 등 새로운 분야를 참모들로부터 배우고 종합적으로 판단하는 면이 양호하며, 복잡한 상황에서 문제의 핵심을 파악하는 능력이 우수한 것으로 보인다.

-통찰력(3.5): 10.26사건 후 정치 환경을 잘 파악했으며, 대통령 취임 후 학습을 통하여 경제와 외교의 전반적인 상황을 이해하고 핵심을 파악하여 경제안정화 정책을 추진한 점에서 우수하다고 평가할 수 있다. 단 정치·사회 분야에서는 군인 출신의 한계로 인하여 경직된 사고를 하는 면이 나타난다.

-변화혁신(2.0): 1970년대와 다르게 변화하고 진화하는 1980년대의 시대정신과 국민의 욕구를 제대로 이해하지 못하였으며, 집권 후에도 사회 변화 흐름과 국민 요구에 대한 인식이 부족해서 결국 과거와 같은 반동적 정치 행태가 나타났다. 단 집권 이후 경제정책이나 외교정책에서는 국제정세의 변화에 맞추어 새로운 방법으로 접근하는 면이 나타난다.

-의사결정(4.0): 쿠데타를 실행하고, 집권 후 경제정

책 방향을 성장에서 안정으로 전환하는 등 일반적으로 어렵게 여겨지는 일을 과감하게 결정하고 실행했다. 전문가 의견을 수렴하여 중화학공업을 통폐합하여 국제경쟁력을 강화하고, 올림픽 성공을 위하여 개방화 정책을 결정하고 추진한 것도 우수했다고 볼 수 있다. 단 군사정권이라는 한계로 인하여 정치·사회 분야에서는 이 역량이 제대로 발휘되지 못하였다.

-국제외교감각(2.5): 군인 출신으로서 이 부문에 대한 감각은 기본적으로 부족하였지만, 레이건의 등장으로 데탕트 시대에서 신냉전체제로 전환하는 국제정세를 파악하고서 한·미·일 협력을 강화하고 제3세계 외교를 확대하여 북한을 외교적으로 압도한 면에서 보통 이상으로 볼 수 있다.

○ **업무 영역:** 군인 출신답게 목표 달성을 위하여 수단과 방법을 가리지 않을 정도로 열정과 추진력이 매우 높을 뿐 아니라, 중령 시절에 하나회를 창설하여 오랜 기간 관리하고 비상시에 활용하는 등 주변 사람을 활용하고 조직을 관리하는 능력이 탁월하다.

-문제해결(3.5): 자신이 생각해내든 참모들의 조언을 수렴하든 문제를 파악하고 해결책을 제시하여 추진

하는 면이 우수하다. 전 정권의 경제위기 문제점을 이해하고 근본적인 대책을 수립하고 추진한 것에서 이 역량이 잘 발휘되었다.

-추진력(4.5): 대위 시절 5.16쿠데타를 지지하는 육사 생도들의 시가행진을 추진하였고, 보안사령관 시절에 12.12쿠데타를 감행하였으며, 5.18광주민주화운동을 무력 진압하는 등 목표 달성을 위해서라면 수단과 방법을 가리지 않았다. 집권 후에도 방향이 수립되고 방안이 나오면 주변의 반대나 외압에 굴하지 않고 강력히 추진하는 모습을 보였다.

-조직관리(4.5): 현역 중령 시절 하나회를 결성하고 결정적인 순간에 활용하였다. 집권 후에는 군 출신 측근 인사와 전문가 관료 그룹의 역할과 영역을 적절하게 구분하고 배치하였다. 부하들이 역량을 최대한 발휘하고 자신에게 충성할 수 있도록 다양한 방법으로 동기를 부여하고 경쟁시키는 면이 탁월하다.

○ **관계감성 영역:** 인간관계를 매우 중시하며, 조직 내에서 주도적으로 모든 것을 이끈다. 단 군인 출신으로서 상하관계에 익숙하며, 수평적 인간관계나 감성적인 대인관계에 대한 이해도는 부족한 것으로 보인다.

-공감소통(1.5): 기본적으로 상명하복의 상하관계에 익숙하고 수평적 인간관계에 대한 이해가 부족하다. 민주주의를 요구하는 국민의 요구를 묵살하며 정권을 쟁취하였고, 노동자와 학생들의 시위를 탄압하는 등 국민의 의견을 수렴하거나 알려고 하지 않았다.

-자기확신(4.0): 성공 가능성이 높지 않은 상황에서 쿠데타를 실행하여 성공한 점, 집권 후 참모의 조언을 듣고 정책 방향을 확실하게 선회한 것과 1987년 개헌 후에 대통령 선거를 배후에서 조종하여 승리한 점을 보면, 자신이 해낼 수 있다는 자신감과 신념이 매우 높은 것으로 볼 수 있다.

-관계관리(2.5): 자신의 출세나 성공에 영향을 줄 수 있는 인사들과 돈독한 관계를 유지하고 관리하는 면은 우수하지만, 정치적으로 자신의 반대편이거나 사회적 측면에서 이해관계가 다른 다양한 세력의 입장을 이해하고 협력하는 능력은 약하다.

6. 총평

기본적으로 친미, 친일, 반공 정책을 추진하면서 경제성장과 경제 안정화 정책을 성공적으로 추진하였지만, 민주주의의 다양성을 불신하고 국민의 기본권을 침해하면서 군사독재 정권을 연장하였다. 국가 지도자로서 기본 자질이나 책임감보다 탐욕적인 권력 욕구가 매우 높다. 리더십 역량만을 평가하면 매우 우수한 편이지만, 기본적으로 시대정신을 전혀 이해하지 못하여 리더십이 부정적인 방향으로 발휘되었다. 쿠데타를 통한 집권으로 정통성이 부재하며 집권 기간 내내 민주주의와 불화하여 대통령으로서의 기본 자격이 없다고 평가할 수 있다.

외향적이며 보스 기질이 매우 강한 타입으로, 조직관리는 역대 대통령 중 가장 탁월하다고 볼 수 있다. 지독한 권력 지향적 성향이며 성공과 출세를 위하여 수단과 방법을 가리지 않는다. 전형적인 정치군인으로서 자신이 영원한 보스로 행동하는 것에 집착하였다.

대통령으로서 업적 중에서 공은 1) 경제안정화와 경제성장, 2) 올림픽 유치와 아시안게임 개최, 3) 성공적인 개방 정책을 들 수 있는데, 경제안정화와 3저 호황은 전두환 정권 최대의 업적이며 개인의 역량과 의지에 기인한 것으로 평가할 수 있지만, 나머지는 개인의 역량보다는 환경 조건상 이루어진 것으로 보는 것이 타당하다.

과는 1) 12.12쿠데타, 2) 5.18광주민주화운동 유혈 진압, 3) 군사독재 정권 연장과 인권 탄압, 4) 개인적 부정 축재와 친인척 비리를 들 수 있는데, 네 가지의 부정적인 업적 모두가 전두환 개인에서 기인한 것으로 볼 수 있다.

노태우

1988~1993

1. 생애(1932~2021)

노태우는 1932년 경상북도 달성군에서 노병수와 김태향의 장남으로 태어났다. 노태우가 여덟 살이던 1939년 부친 노병수는 교통사고로 사망하였다. 이후 그는 조부모와 홀어머니 밑에서 경제적으로 삼촌의 도움을 받으며 학교를 다녔다. 고등학교 3학년 때 한국전쟁이 발발하자 잠시 학도병으로 참전했다가 육군사관학교 11기로 입학하였다. 1955년 소위 임관 후 5사단 소대장으로 근무하였는데 당시 사단장이 박정희였다. 노태우는 1961년 5.16쿠데타가 일어나자 전두환과 더불어 육사 생도들의 혁명 지지 시가행진을 이끌었으며, 이후에 국가재건최고회의 의장 비서실에서 근무하였다. 1971년 준장으로 진급하여 공수특전여단장을 맡았고, 1978년 소장으로 진급한 후 전두환 후임으로 대통령 경호실 작전 차장보에 임명되었다. 1979년 9사단장으로 근무하던 중 전두환과 모의하여 12.12쿠데타를 주도하였고, 이후 수도경비사령관 보안사령관을 거쳐서 1981년 7월 대장으로 진급 후에 전역하였다.

이후 정무 제2장관을 거쳐 체육부 장관과 내부부 장관을 역임했으며, 서울올림픽 조직위원장과 서울아시안게임 조직위원장을 모두 맡아서 역사적인 두 스포츠 행사를 주관하였다. 1985년 제12대 국회의원 선거에서 전국구로 당선하고 민정당 대표위원에 임명되었다. 1987년 6.29선언을 통해 대통령 직선제를 수용했고,

12월 치러진 대통령 선거에서 제13대 대통령으로 당선하였다.

2021년 소뇌 위축증으로 인한 지병이 악화되어 사망하였다.

2. 주요 정책과 사건

제13대 대통령 당선

1987년 12월, 16년 만에 치러진 대통령 직선제 선거에서 민정당 노태우 후보는 36.6%를 득표해 당선하였는데, 이는 역대 대통령 선거 최저 득표율이다. 그 선거에서 김영삼이 28%, 김대중이 27%, 김종필이 8.1%의 표를 얻었는데, 김영삼과 김대중의 단일화가 성공했다면 노태우는 대통령 자리에 오를 수 없었을 것이다.

제13대 총선 참패와 국회 5공 청문회

제6공화국 출범에 이어 치러진 제13대 국회의원 총선거에서 여당인 민정당이 참패하여 여소야대 정국이 형성되었다. 민정당은 125석, 김대중의 평화민주당은 70석, 김영삼의 통일민주당은 59석, 김종필의 신민주공화당은 35석을 차지하였다.

여당이 국회에서 입법 주도권을 잃고 야당에 끌려다니는 정국이 형성되었으며, 1988년 6월 국회에서 '5공 비리 특별위원회'와 '5.18 진상조사 특별위원회'가 구성되었다. 노태우는 전두환 부부를 강원도 백담사로 유배 보냈으며, 전두환 친인척에 대한 비리 수사를 지시하고 5공 실세들을 물러나게 했다. 또 군 내부에 전두환과 가까운 장성들을 강제 예편시키거나 한직으로 발령내면서 본격적으로 5공화국과의 차별화를 시도하였다. 노태우는 여소야대 국면에서 벗어나기 위해 민정당, 통일민주당, 신민주공화당의 3당 합당을 추진하였고 1990년 1월에 합당이 이루어져 거대 여당 민주자유당(민자당)이 출범하였다.

서울올림픽 개최

1988년 9월 17일 서울올림픽주경기장에서 제24회 하계 올림픽 개회식이 열렸다. 1980년 모스크바 올림픽과 1984년 LA 올림픽이 자본주의나 공산주의 한쪽 진영의 국가만 참석한 반쪽 올림픽이었던 반면, 서울올림픽은 160개국이 참가한 지구상 최대의 축제가 되었다.

올림픽은 정치, 사회, 경제 모든 부문에 막대한 긍정적 영향을 끼쳤다. 정치적으로는 올림픽 개최 무산을 우려한 전두환 정권이 국제사회의 압력에 굴복하여 6월항쟁 당시 무력 진압을 자제하고 민주화 요구를 수용하여 대통령 직선제 개헌을 하였다. 외교적으로는 올림픽이 동서냉전 완화에 기여하면서 한국이 공산권 및 비동맹 국들과 외교 관계를 확대하고 개선하는 계기가 되었다. 경제적으로는 올림픽 관련 사업으로 34만 개의 일자리가 창출되고 각종 인프라 시설이 확대되었다. 국가 이미지 개선으로 수출시장이 확대되고 다양한 국가들과 경제협력 관계가 강화되었다. 한국의 산업구조가 다변화되고 외국인 투자유치가 증가하였으며, 민간 차원의 국제교류가 확대되면서 한국 문화를 세계에 알리고 문화산업이 성장하였다. 이로써 한국은 선진국에 진입할 수 있는 기초 여건을 갖추었다.

서울올림픽은 전쟁과 독재정치의 폐허 위에서 성장한 한국의 모습을 국제사회에 알리고 국민에게 한국이 선진국이 될 수 있다는 자신감을 심어주었다.

신도시 건설과 토지공개념

1980~1987년 연평균 10.5%였던 전국 지가 상승률은 1988년 27.5%, 1989년 32%, 1990년 20.6%로 급증하였다. 1988~1991년 사이 서울 지역 아파트 평균 가격은 2.6배 올랐다. 이러한 배경에서 신도시 건설과 토지공개념 정책이 나왔다. 1989년 4월 '수도권 5개 신도시 건설사업 계획'으로 공급을 대폭 확대하는 방안이 발표되었다.

공급 확대 정책의 핵심인 200만 호 주택건설계획은 계획보다 1년 앞당겨 조기 달성하였다. 분당, 일산, 산본, 평촌, 중동에 대규모 신도시를 건설하여 주택 보급율은 1985년 69.8%에서 1991년 74.5%로 증가하였다.

1989년 12월에는 택지소유상한제, 토지초과이득세, 개발이익환수제라는 소위 '토지공개념 3법'이 통과되었다. 그리고 이를 뒷받침하기 위하여 공시지가, 종합토지세, 부동산등기 의무 등의 제도가 만들어졌다. 토지공개념 3법은 부동산 투기 억제에 효과적이었으며 부동산 관련 인프라 구축에 기여하였지만, 토지 소유자들의 반발을 불러왔고 헌법상의 재산권 규정과 어긋나는 문제가 있었다. 1994년 토지초과이득세는 지나친 규제라는 이유로 헌재에서 헌법불합치 판정을 받았고, 택지소유상한제는 1999년 국민 재산권을 침해한다는 이유로 위헌 판정을 받았다. 개발이익환수제도 기업 부담을 덜어준다는 명분으로 2004년 중지시켰다.

KTX와 인천국제공항 건설

노태우 정권 초, 사회간접자본 부족으로 물류비용이 급속히 오르면서 수출은 감소하고 물가는 오르는 스태그플레이션이 심각해졌다. 전두환 정권에서 국민의 실질임금이 상승했음에도 불구하고 물가를 잡기 위하여 부동산 개발을 억제하고 도로, 철도, 항만, 공항 등 사회간접자본에 투자하지 않은 결과였다.

1989년 노태우는 '고속전철 및 신국제공항 건설계획'을 승인하였고 1992년 6월 천안아산역 예정지에서 경부고속철도 기공식이 거행되었다. 프랑스 TGV 기술로 개발된 차량을 도입했으며, 일부 차량은 국내에서 조립 생산했다. KTX 건설은 경제성이 없다는 반대에도 불구하고 노태우가 강력하게 추진하였으며, 이후 정부들의 지속적인 추진으로 완공되었다. 이로써 한국의 교통 인프라가 획기적으로 개선되고 국가경쟁력을 높이는 데 기여하였다.

올림픽을 전후하여 항공 수요가 폭발적으로 증가함에 따라 기존 김포국제공항의 항공 수용 능력은 한계점에 다다랐다. 김포국제공항은 인구 밀집 주거 지역에 있어서 24시간 운영과 공항 확장이 불가능했기에, 정부는 21세기 동북아시아 허브 공항 역할을 할 수 있는 국제공항 건설에 착수하였다. 1990년 6월 영종도 신공항 건설 계획을 확정 발표하고 1992년 첫 삽을 뜬 지 9년 만인 2001년 인천국제공항을 개항하였다.

위의 두 사업은 초기에 야당과 환경단체들의 반대가 거셌으나 지금은 노태우 정부의 최대 업적이라는 평가를 받고 있다.

북방외교

노태우 정권은 사회주의권 국가들과 외교 관계를 맺는 북방외교 정책을 추진하였다. 1990년 6월 노태우 대통령과 소련의 고르바초프 서기장은 샌프란시스코에서 면담하고 한소 수교 원칙에 합의했다. 같은 해 9월 30일 뉴욕에서 양국의 외무장관이 한소 수교 공동성명서에 서명함으로써 양국은 1904년 러일전쟁으로 단교된 이후 84년 만에 국교를 정상화하였다. 남한의 UN 가입을 반대했던 소련과 수교를 맺게 되면서, 1991년 8월 UN안전보장이사회는 남북한 UN 가입결의안을 만장일치로 채택했다. 같은 해 9월 17일 제46차

UN총회에서 남북한을 포함한 7개국의 가입결의안이 표결 없이 통과되어 남한과 북한은 국제사회에서 각각 독립된 주권국으로 인정받게 되었다.

1992년 8월에는 베이징에서 한국과 중국 외무장관이 '대한민국과 중화인민공화국 간의 외교 관계 수립에 관한 공동성명'에 서명함으로써 양국은 국교를 정상화하였다. 주요 내용은 상호불가침, 상호내정불간섭, 중국의 유일한 합법정부로 중화인민공화국 승인, 한반도 통일 문제의 자주적 해결 원칙으로 정리할 수 있다. 중국과의 수교에 따라 한국은 대만 정부와 단교하였고, 이후 중국은 한국의 최대 무역국으로 부상하였다. 노태우 재임 중 한국은 동구권을 비롯하여 모두 45개국과 수교를 맺었다.

3. 주요 업적과 평가

경제·사회 분야

경제에서는 새로운 정책을 설계하고 추진하기보다 전 정권의 긴축재정 운영으로 나타난 일부 위기를 해결하는 과제가 중심이었다. '3저 효과'가 없어지고 수출이 둔화하여 경제가 위기 상황에 처하였고, 거대한 민주화와 노동 투쟁을 겪어야 했다. 군사독재 정권이 억눌렀던 임금인상 요구가 폭발하면서 노사분규는 심각한 수준으로 늘어났고, 한 해 임금 인상률이 20%에 달했다. 경제 주도권이 관에서 민간으로 넘어가는 과도기였고, 성장보다 분배와 평등이 더욱 중요시되었다. 국제수지는 1988년 145억 달러 흑자에서 1990년 이후 3년간 적자로 전환하였으나, 어려운 상황에서도 경제성장률은 안정적이었다. 하지만 심각한 노사문제에 제대로 대처하지 못했으며, 국가경제의 성장에 비하여 노동자와 빈민의 생활 개선이나 복지 확충은 부족했다.

부동산 문제를 해결하기 위하여 수도권 5개 신도시에 '200만 호 건설계획'을 수립·추진하여 주택 공급을 확대했고, 수요 억제 정책인 토지공개념 3법을 도입하여 부동산 과열을 잡았다. 사회간접자본이 한계에 이른 상황에서 KTX와 인천국제공항 건설로 대표되는 대규모 국책사업을 성공적으로 추진하여 교통 인프라를 획기적으로 개선하였다. 특히 인천국제공항은 세계 최고 수준의 공항으로 발전하여 일본을 비롯한 아시아와 중남미 등에서 벤치마킹할 정도다.

정치·외교·안보 분야

1989년 헝가리와의 수교를 시작으로 재임 중 동구권 37개국과 수교하는 북방외교를 추진하였다. 하지만 헝가리에 5억 달러 경제협력자금을 지원하였고 소련과 수교하며 30억 달러 경제협력자금 지원을 약속하는 등 돈으로 외교를 한다는 비판도 일부 있었다.

1991년 남북한이 UN에 동시 가입함으로써 한국은 이후 UN사무총장을 배출하고 안보리 비상임이사국으로 활동하는 등 국력에 맞는 외교활동을 하게 되었다. 1992년에 이뤄진 중국과의 수교는 북방외교의 완성판이라 할 만하다. 그러나 북방외교의 성취에 관해서는 찬반 의견이 많다. 노태우 정부 최대 업적으로 꼽는 시각도 있고, 동구 공산권이 몰락하는 상황에서 누가 대통령이었더라도 할 수 있는 일이었다고 바라보는 시각도 있다.

1990년 3당 합당으로 국회는 여소야대 정국에서 거대 여당 정국으로 전환했는데, 정부와 국회의 협조는 잘 이루어졌으나 여당 내에서 민정계와 민주계의 갈등은 심화되었다.

종합하면 노태우는 본인이 주도하기보다 상황을 관망하면서 천천히 신중하게 진행하다가 얻은 결과물들이 많다. 어떤 경우는 아무 일도 하지 않고 있다가 자연스럽게 결과물이 나온 것이라고 볼 여지도 있다. 6.29선언도 전두환이 주도한 것으로 나중에 밝혀졌으며, 북방외교는 시대 변화 흐름을 받아들이고 적절하게 수용한 덕에 성공한 것이다. 적대적 상대가 있는 노사문제나 정치적 이슈들은 대체로 잘 해결하지 못한 것과 대비된다.

4. 정치적 자질 평가

○ **시대정신:** 군사문화 종식과 완전한 민주주의 정착, 시장 개방 시대에 맞는 경제체질 개선과 양극화 해소가 시대정신이라고 할 수 있다. 노태우는 오랜 기간 정권의 2인자로 살면서 오로지 대권을 무사히 인계받는 것만을 신경 쓰고 준비하였다. 1987년 민정당 대통령 후보로 확정된 이후에도 간접선거로 대통령이 되려고 하다가 국민의 저항에 부딪혀 수동적으로 대통령 직선제를 수용하였다. 1988년 여소야대 정국이 되었을 때도 명분 없는 밀실야합을 통한 3당 합당으로 해결하고 하나회를 중심으로 자신의 권력을 유지하려 했다. 이런 면면을 보면 시대정신이나 역사 인식에 대한 이해가 거의 없으며 대통령으로서 책임감도 매우 약하다고 평가할 수 있다.

○ **국정비전:** 대통령 선거 기간 "보통 사람의 시대"를 외쳤지만 국정운영에 대한 정책 방향을 명확히 제시한 것은 없었다. 다만 취임 이후에 경제 분야와 관련하여 국내외 경제문제의 핵심을 파악하고 사회간접자본시설 확충이나 신도시 건설 등을 반대를 무릅쓰고 강력히 추진한 면은 긍정적으로 평가할 수 있다.

○ **도덕성:** 전두환과 함께 쿠데타를 주도했으며, 독재와 인권 탄압

에 관해서는 묵인 혹은 방관하였다. 무엇보다도 정경유착을 통하여 수천억 원대의 뇌물을 수수하는 등 개인 비리와 부패가 심했다는 것이 퇴임 후 밝혀져 구속되었다. 전두환과 함께 도덕성 부문은 가장 낮은 평가를 받는다.

5. 리더십 역량 평가

○ **인지 영역:** 전반적으로 보통 수준으로 보인다. 자신이 혼자서 상황을 분석하고 판단하여 계획을 수립하기보다 여러 사람 의견을 듣고 진행되는 상황을 주시하면서 천천히 판단하는 면이 도드라진다.

　-통찰력(2.5): 조직의 비전이나 방향을 제시하기보다 자신의 생존과 성공의 길을 먼저 찾는 면이 강하다. 북방외교는 성공적이었지만 국제환경의 변화 흐름을 파악하고 적극적으로 주도한 것이라고 보기에는 무리가 있다. 다만 사회간접자본 건설 등에서 핵심을 일부 파악하고 장기적 관점에서 접근한 면은 양호하게 평가할 수 있다.

　-변화혁신(2.5): 본인이 변화를 주도하거나 제도 개선에 적극적으로 행동한 면은 거의 없으며 대세에 따

라가는 경향이 강하다. 그렇지만 국내외 정치·경제 상황 변화를 이해하고 참모들의 의견을 수용해 따라갔다.

-의사결정(2.0): 과업을 추진하는 과정에서 사전에 치밀히 계산하여 확신을 갖고 결정하기보다 주변 의견을 수렴하고 대세 흐름에 맞추어 천천히 결정하는 경향이 강하다. 인사정책 등에서는 주변의 반대에 부딪히거나 상황이 변하면 결정을 지연하거나 번복하는 경우도 자주 있다.

-국제외교감각(2.5): 북방외교 관련하여 주변의 조언을 수렴하여 합리적인 판단을 한 것으로 볼 수 있다. 변화하는 국제정세를 이해하고 상황 변화에 맞추어 무난하게 대응했다.

○ **업무 영역:** 급한 상황이 발생하더라도 주도적으로 앞서 행동하지 않고 많이 고민한 후에 느긋하고 조용하게 행동하는 면이 매우 강하다. 또한 위기 상황이 발생하거나 문제가 터지면 나서서 적극적으로 해결하기보다 일단 부정하거나 뒤로 물러나는 경향이 두드러진다.

-문제해결(2.5): 사회간접자본 건설과 토지공개념 추

진 등에서 문제의 핵심과 원인을 파악하고 처리하는 긍정적인 모습이 나타났으나, 정치적 문제와 관련하여서는 긍정적인 모습이 잘 나타나지 않았다. 특히 당내 갈등 문제와 노사문제 등에서는 제대로 해결책을 제시하지 못하고 끌려다니는 모습도 보였다.

-추진력(2.0): 지도자로서 과업을 주도하는 힘이 약하고 주변 사람들이 방안을 제시하고 처리해주기를 기다리는 경향이 강하다. 대통령 직선제 개헌도 전두환이 강행하자 마지못해 따라갔으며, 내각제 문서 파동에서 김영삼이 탈당을 카드로 내세우며 위협하자 김영삼을 차기 대권 후보로 지원하겠다고 약속하였다. 일을 추진하는 과정에서 장애물이 발생하면 정면으로 맞서고 극복하기보다 지연시키거나 피해서 돌아가는 경향이 더 강한 것으로 보인다.

-조직관리(2.5): 지도자로서 자신의 조직관리에 관심이 적고, 군인 출신임에도 불구하고 기본적으로 부하를 관리하고 육성하는 면이 약하게 나타난다. 재벌에게 거둔 정치자금도 자신의 세력을 유지하고 관리하는 데 사용하기보다 개인적 치부 용도로만 사용했다.

○ **관계감성 영역:** 자신의 의견을 강력하게 표현하고 다양한 사람

들과 교류하기보다 소극적이지만 꾸준하게 교류하는 모습이 많이 보인다. 여간해서는 자신의 속마음을 보여주지 않으며, 오는 사람 막지 않고 가는 사람 잡지 않는 타입이다.

-공감소통(2.0): 자신의 의견이나 신념을 먼저 정확하게 표현하지 않고, 상대방을 적극적으로 설득하는 노력도 잘 하지 않는다. 오히려 상대 의견을 경청하는 면이 더 강해 보인다. 국가 지도자로서 국민 의견 수렴에 소극적이고 사회적 약자에 대한 관심도 적어 보인다.

-자기확신(3.0): 주변 사람들의 의견을 수렴하고 오랜 숙고 후에 판단하는 성향이 강하다. 자신의 의견을 쉽게 표현하지 않고 대세에 따르는 성향이 두드러지지만 자기 생각을 쉽게 바꾸지도 않는다.

-관계관리(2.0): 주어진 상황을 받아들이고 목표 달성을 위하여 수동적으로 인간관계를 유지하는 면이 더 강하다. 자신의 생존과 이익에 집중하는 성향이어서 적극적으로 대인관계를 관리하는 면은 다소 미흡한 것으로 보인다.

6. 총평

기본적으로 자신의 이념이나 정책 방향이 명확하지 않았으며 정치, 경제, 외교 등에서 확실한 비전과 방향을 제시하지 못하고 정책과 인사가 자주 바뀐 편이다. 재임 5년간 27번의 개각을 하였고, 124명의 장관을 기용하여 장관 평균 재임 기간이 13개월로 그때까지의 정권 중에서는 가장 짧았다. 이는 소신이 부족한 탓이라고 볼 수도 있고 문제가 터지면 장관에게 책임을 넘기고 본인은 뒤로 빠졌기 때문이라고 볼 수도 있다. 한편으로는 대세에 순응하고 책임을 회피하는 타입이었던 덕분에 국민의 민주화 요구를 탄압하지 못하고 민주주의를 실현했다고 볼 수도 있다.

내성적이고 인내심이 많으며, 자기 비전이나 소신을 명확히 밝히지 않고 우유부단하게 행동하는 면도 있다. 이는 선천적인 성향이기도 하겠지만 어린 시절 아버지 없이 숙부의 도움으로 생활하며 자기 생각이나 속마음을 먼저 드러내지 않는 쪽으로 성장한 탓일 수도 있다.

대통령으로서의 업적 중에서 공은 1) 사회간접자본 건설과 신도시 건설, 2) 북방외교를 들 수 있다. 전자는 노태우 개인의 역량과 의지에 의하여 달성된 것으로 평가할 수 있지만, 후자는 소련을 비롯한 공산권 국가들의 몰락이라는 환경적 요인 덕분에 달성되었다고 보는 것이 타당할 것이다.

과는 1) 개인 비리와 부정 축재, 2) 군사 쿠데타에 적극 동참한 것을 들 수 있다. 두 가지 모두 개인의 욕심에서 전적으로 기인한 것으로 볼 수 있다.

김
영
1993~1998
삼

1. 생애(1929~2015)

김영삼은 1929년 1월 경상남도 통영군(현 거제시 장목면)에서 김홍조와 박부련의 3남 5녀 중 장남으로 태어났다. 경남중학교를 거쳐 1948년 서울대 철학과에 입학하였고 한국전쟁이 발발하자 학도 의용군으로 입대하여 국방부 정훈국에서 정훈병으로 근무하였다. 대학 시절 알게 된 장택상의 권유로 졸업 후 국회부의장 인사 담당관을 거쳐 국무총리실 인사 담당 비서관으로 근무하였다.

26세 되던 해인 1954년 이기붕의 권유를 받고 자유당 소속으로 고향인 경상남도 거제군에서 제3대 국회의원 선거에 출마하여 당선하였다. 당내에서 사사오입 개헌안을 반대하다가 개헌안이 통과되자 동료 10여 명과 함께 자유당을 탈당하고 1955년 민주당에 입당했다. 야당 국회의원이 된 김영삼은 1958년 부산 서구에서 출마하였으나 낙선했고, 4.19혁명 후인 1960년 5월에 실시된 제5대 국회의원 선거에서 당선하였다. 5.16쿠데타 이후 국가재건최고회의가 공화당 창당에 참여하라고 권유했으나 거절하고 군정 연장 반대 시위를 벌이다 수감되기도 하였다. 1963년 제6대 국회의원 선거 때 부산 서구에 출마하여 당선하였고, 1967년 분열된 야당이 통합하여 신민당이 창당되자 원내총무로 선출되었다.

1969년 공화당이 3선 개헌안을 통과시키자 김영삼은 '40대 기수론'을 주장하며 젊은 지도자가 야당 대통령 후보로 나서야 한다고 주장하였다. 1970년 신민당 대통령 후보 경선에서 1차 투표는 1등을 하였으나, 2차 투표에서 김대중에게 패배하였다. 하버드대학교 초청으로 미국에 있던 그는 1972년 유신헌법이 선포되자 가족과 지인들의 만류를 뿌리치고 귀국하였으며, 곧바로 가택연금을 당했다. 1974년 신민당 총재로 선출된 후 유신헌법 폐지를 주장하다 긴급조치 9호 위반으로 입건되었다. 1979년 김대중의 지원으로 신민당 총재로 다시 선출된 뒤《뉴욕타임스》와의 인터뷰에서 미국이 박정희 정권에 대한 지지를 철회할 것을 요청하였다. 이를 빌미로 공화당과 유정회는 그를 국회의원에서 제명하였으며, 이로 인해 독재 타도를 외치는 대규모 시위가 부산과 마산에서 일어났다.

1980년 전두환 군사정권이 들어서고 정치 활동 규제와 가택연금을 당한 김영삼은, 1983년 23일간의 단식투쟁을 하여 세계 언론의 주목을 받았다. 1984년 김대중과 같이 민주화추진협의회를 결성하고 1985년 제12대 국회의원 총선거를 지원하여 신민당 돌풍을 일으켰다. 1987년 제13대 대통령 선거에서 통일민주당 후보로 출마했으나 낙선했으며, 1990년 1월 3당 합당을 통하여 민자당을 창당하고 대표 최고위원으로 선출되었다. 1992년 당내 민정계의 방해를 물리치고 대통령 후보로 선출되었고, 같은 해 12월 제14대 대통령 선거에서 당선하였다.

2015년 패혈증과 급성 심부전증으로 사망하였다.

2. 주요 정책과 사건

제14대 대통령 당선

1992년 12월 민자당의 김영삼은 제14대 대통령 선거에서 약 998만 표를 얻어서 약 805만 표를 얻은 민주당 김대중과 약 388만 표를 얻은 국민당 정주영을 누르고 당선하였다. 낙선한 김대중은 정계 은퇴를 선언하고 영국으로 출국하였다.

공직자 재산공개 실시

김영삼은 첫 번째 개혁 과제로 공직자 재산공개를 실시하였다. 취임 이틀 후 본인과 가족의 재산은 모두 약 17억 7000만 원이라고 밝혔고, 이어서 행정부와 입법부의 주요 공직자들이 재산을 공개했다. 이 재산공개 과정에서 투기를 통한 축재 의혹이 있는 공직자나 부도덕한 방식의 재산 증식 혐의가 있는 인사는 여론의 비판을 견디지 못하고 사퇴해야 했다.

사퇴한 주요 인사는 박준규 국회의장, 김재기 경제수석, 이진설 건설부 장관, 이용만 국세청장, 이종남 검찰총장 등이다. 이들을 비롯한 기득권층에서는 사유재산 침해라면서 거세게 항의했지만, '고위공익자의 부정부패 청산'에 대한 국민의 강력한 지지가 있었다.

하나회 척결과 군부 개혁

주요 외신들은 김영삼 대통령이 독재를 물리치고 당선하였지만 군을 개혁하기는 어려울 것이라고 전망하였다. 취임 당시에 육군 참모총장, 1군 사령관, 2군 사령관, 수도경비 사령관 등 군부 핵심의 상당수가 하나회 출신이었다.

1993년 4월 2일 용산의 군인아파트에 중령부터 중장까지 하나회 회원 142명의 명단이 적힌 유인물이 뿌려졌다. 다음 날 김영삼은 수도경비 사령관과 특전사령관을 교체하였고, 8일에는 2군 사령관, 3군 사령관, 육군 참모차장, 합참 전략본부장 등 하나회가 장악하고 있던 요직의 인사들을 교체하였다. 이어서 군 인사 비리와 군납 비리, 무기 구입 비리에 대한 감사를 진행하였다. 이러한 개혁 조치로 대장 7명, 중장 이하 장성급 12명이 강제 전역하였으며, 이 중에는 감옥에 간 인사도 있다. 문민정부 출범 반년도 안 되어 하나회는 완전히 궤멸했다. 이로써 군의 정치적 중립을 이루고, 민간인 정부가 군을 통제하는 계기를 확립하였다. 하나회 척결은 대한민국의 완전한 민주화와 군사정권 종식을 상징하는 사건으로 평가할 수 있다.

북한 NPT 탈퇴

1993년 3월 북한은 핵확산금지조약(NPT) 탈퇴를 선언하였다. 이 사건은 북한의 핵 개발 및 국제사회와의 갈등의 시작점이다.

북한은 소련의 압력으로 1985년 NPT에 가입했지만 핵 개발을 비밀리에 추진하고 있었다. 1992년 북한은 국제원자력기구(IAEA)와 핵안전협정을 체결하면서 사찰을 받기로 하였지만, IAEA가 북한의 핵 개발 의혹을 제기하며 '특별사찰'을 요구하자 거부하였다. 미국은 북한이 핵무기를 개발 중이라며 이를 중지하지 않으면 군사적 조치를 포함한 모든 수단을 동원할 수 있다고 경고했다. 북한은 이러한 경고가 주권 침해라고 반발하면서 NPT를 탈퇴하였다.

미국은 전쟁을 불사하겠다는 의지를 밝히며 항공모함을 동해에 배치하였고, 이런 가운데 지미 카터 전 미국 대통령이 북한을 방문해 김일성과 회담하였다. 그 결과 1994년 북미 제네바 합의가 체결되었는데, 주 내용은 북한이 핵 개발을 동결하는 대신에 미국이 경수로 발전소 건설 및 에너지 지원을 해준다는 것이다. 위기가 진정된 뒤 남북은 7월 25일 평양에서 남북정상회담을 개최하기로 하였으나, 7월 8일 김일성의 갑작스러운 사망으로 성사되지 않았다.

금융실명제

1993년 8월 12일 오후 7시 45분, 김영삼은 대통령 긴급명령권을 발동해 12일 오후 8시를 기해 '금융실명거래 및 비밀보장에 관한 긴급재정경제명령'(긴급재정경제명령 제16호)을 전격 실시한다고 발표했다. 주 내용은 비실명 계좌의 실명 확인 없는 거래 금지, 3000만 원 이상의 순 인출은 국세청에 통보하며 자금 출처를 조사할 수 있다는 것이었다. 이후 1997년에 일부 내용이 변경되어 '금융실명거래 및 비밀보장에 관한 법률'로 대체되었다.

부정부패 방지, 정경유착 근절, 경제 투명성 강화를 목표로 한 금융실명제는 과거 어느 대통령도 실행하지 못한 것으로, 지하경제 규모를 줄이고 부정부패 자금을 원천적으로 차단하는 데 큰 효과를 발휘하였다. 또 금융자산의 흐름을 투명하게 파악할 수 있어 종합소득세를 실시하는 기반을 마련하였다. 실시 이후에 주가가 폭락하고, 일부 자본이 해외로 유출되고, 부동산 가격이 폭등하는 부작용도 있었지만 예상보다 크지는 않았다.

역사 바로 세우기

1993년 8월 김영삼은 광복절 경축사에서 '역사 바로 세우기'를 천명하였다. 문민정부의 국정개혁을 상징하는 핵심 정책으로 추진된 역사 바로 세우기는 일제 강점기와 군사독재 시기의 잘못과 악습을 청산하는 게 목표였다.

이와 관련하여 1) 12.12쿠데타와 5.18광주민주화운동에 대한 책임을 물어서 전두환과 노태우를 군사 반란죄와 내란죄로 구속 기소하고, 2) 군 사조직인 하나회를 척결하여 군의 정치적 중립을 확립했으며, 3) 5.18광주민주화운동을 국가적으로 공식 인정하고 희생자들에 대한 보상과 명예회복 조치를 시행하며, 4) 친일 잔재를 청산하기 위하여 대한민국이 임시정부 법통을 계승한다는 것을 강조하고 조선총독부 건물을 철거했다.

1993년 10월 정부는 '친일반민족행위 진상규명 위원회'를 설치하여 친일파의 목록을 작성하고 그들의 행적을 규명하는 작업을 시작하였다. 또한 1995년 6월 국립묘지에 있는 친일파 묘역을 정리하는 작업을 통해 일부 친일파의 묘지를 이장하고 묘역에서 친일파라는 사실을 공개적으로 밝혔다.

세계무역기구 출범과 가입

1995년 1월 국제무역 활성화, 보호무역주의 방지, 회원국 간 분쟁 해결을 목적으로 하는 세계무역기구(WTO)가 출범하였다. 관세와 무역에 관한 일반협정(GATT)을 대체하면서 더 강력한 무역 규범과 분쟁 해결 기능을 갖춘 국제기구가 탄생한 것이다.

WTO 출범은 경제구조가 수출 중심인 한국에 유리하게 작용하였다. 관세가 낮아지고 수출입이 자유로워지면서 한국 기업이 해외로 적극 진출하여 삼성, 현대, LG 등 대기업이 글로벌기업으로 성장하는 계기가 되었다. 또 값싼 외국 농산물이 수입되면서 국민 소비 생활이 향상되었다. 하지만 농업과 축산업 분야는 큰 타격을 입었다.

지방자치단체장 선거

1995년 6월 제1회 전국동시지방선거가 실시되었다. 35년 만에 광역 및 기초 단체장을 직접 선출하고, 광역지방의원과 기초지방의원도 선출하면서 완전한 지방자치제도가 실현되었다. 이로써 중앙정부에 집중되었던 권력 일부가 지방으로 분산되었고 풀뿌리 민주주의의 기반이 마련되었다.

경제협력개발기구 가입

1995년 3월 정부는 경제협력개발기구(OECD) 가입 신청서를 제출하고 10월 25일 가입 협정에 서명함으로써 한국은 29번째 정회원국으로 가입하였다. OECD에 가입하여 국제사회에서 선진국으로 인정받고 위상이 올라가 외국인의 국내 투자가 증대된 장점이 있었던 반면, OECD가 요구하는 글로벌 스탠더드에 맞춰 제도를 바꾸고 규제를 완화하는 등의 개혁을 단행해야 했다. 이런 개혁의 결과 후일 비정규직 고용이 증가하고 소득 양극화가 커지며 사회 불평등이 심해지는 문제가 발생했다.

OECD 가입에 대해서는 철저한 사전 준비 없이 정치 논리에 따라 가입했다는 비판과 함께 IMF구제금융사태를 초래하는 원인을 제공했다는 비판이 있다.

전두환과 노태우, 내란 및 반란죄로 수감

1995년 10월 국회에서 박계동 의원이 노태우 비자금을 폭로하였다. 12월 21일 국회에서 '5.18광주민주화운동 등에 관한 특별법'이 제정되었고, 1996년 1월 검찰은 전두환과 노태우를 내란죄, 내란 목적 살인죄 등 혐의로 구속 기소하였다. 1996년 12월 항소심 법원은 전두환에게 무기징역과 추징금 2205억 원을, 노태우에게는 징역 17년과 추징금 2628억 원을 선고했고, 1997년 4월 대법원에서 형이 확정되었다.

IMF 사태

1997년 초 한국 경제의 문제점이 터지기 시작하였다. 한보철강이 1월 부도를 냈고 진로, 삼미, 해태, 뉴코아, 한라가 줄줄이 부도를 내더니, 8월에는 재계 8위인 기아그룹이 부도를 냈다. 국제적으로 1997년 7월 태국 바트화 폭락, 8월 인도네시아 루피아화 폭락, 10월 홍콩 증시 대폭락 영향으로 한국 증시도 폭락했고, 환율이 급등하며 외환 보유고가 바닥을 보여 국가부도 위기를 맞았다.

11월 22일 정부는 IMF에 구제금융을 공식 요청하였다. 12월 3일 IMF와 550억 달러 규모의 구제금융 협약을 체결했고, 이후 한국경제는 IMF가 요구하는 조건을 모두 수용해야 했다. 요구의 핵심은 긴축재정과 부실 금융기관 정리, 재벌의 영향력 축소와 기업 구조조정, 노동자 정리해고와 고환율 정책 등이었다. 1998년부터

IMF의 요구사항들이 본격적으로 시행되었다. IMF 관리체제 기간에 30대 대기업 중에서 15개가 없어졌으며, 5개의 시중은행이 퇴출되고 여러 금융기관이 통폐합되었다.

3. 주요 업적과 평가

경제·사회 분야

집권 기간 평균 약 8%의 경제성장률을 보였으나, 수출과 외형적 성장 중심의 경제정책이 한계를 보이고 대기업과 금융기관의 부실 경영을 방치함으로써 IMF 구제금융사태라는 건국 이후 최대 경제위기가 도래하였다.

IMF 사태가 초래된 원인을 다음과 같다. 1) 관이 중심이 되어 경제를 운영함으로써 WTO 체제에 적응하지 못했으며 은행 감독 기능이 부실했다. 2) 금융과 무역에 대한 전략이 없는 상황에서 성급한 OECD 가입으로 금융 규제 등을 철폐하여 국제 투기자본의 공격으로부터 지켜줄 방어막이 없어졌다. 3) 국제 투기자본 세력이 동남아 국가들에서 외환위기 도미노 현상을 만들자 동남아 국가들에 돈을 빌려준 국내 금융기관들의 연쇄 부도 위기가 발생하였다. 4) 평균 부채비율이 약 500%가 넘는 재벌의 부실한 경영과 차입금 중심 경영이 한계에 다다랐다. 5) 단기 외채 비율이 높아서 외환 보유액이 급감했다.

　IMF사태와 관련해 김영삼의 책임이 얼마나 되는가에 대해서는 의견이 분분하다. IMF사태는 국제 투기세력의 횡포 및 동남아 경제위기와 같은 외부 요인과, 그동안 누적된 한국 경제구조의 한계와 문제점이라는 내부 요인이 복합되어 일어났다고 볼 때, 다른 사람이 대통령이었다고 하더라도 IMF사태를 막을 수 있었을지는 의문이다.

　한편 금융실명제 실시로 금융자산의 투명성이 높아진 것은 업적으로 볼 수 있다. 금융실명제는 자금 흐름을 금융당국이 파악할 수 있도록 해주고, 정경유착과 부정부패를 방지하는 장치가 되었다. 공직자 재산공개를 제도화한 것도 탁월한 업적이다. 대통령 스스로 공직자 재산공개를 "역사를 바꾼 명예혁명"으로 규정하였는데, 실제로 입법부와 행정부의 고위 인사들 중 상당수가 부정 축재에 연관되어 퇴직당했다. 이어서 공직자윤리법을 개정하여 공직 사회의 청렴성이 향상되었다. 이러한 경제·사회 분야의 개혁은 상당히 성과를 거두었고 한국이 투명한 사회로 발전하는 데 큰 기여를 하였다.

정치·외교·안보 분야

민간이 주도하는 문민정부를 출범시켰고, 하나회 척결을 통하여 군사정권을 실질적으로 종식시켰다. 이후 군의 정치적 중립이 보장되고 민간인 정부의 통제에 들어감으로써 군의 실질적인 민주화가 이뤄졌다. 이는 김영삼의 최고 업적이다. 이후 한국의 정치 구도는 '군부독재 세력 vs 반군부 민주 세력'의 대결 구도에서 '보수 세력 vs 진보 세력'의 대결 구도로 변화하였다.

군사 쿠데타 세력을 처벌해 감옥에 보내고, 5.18광주민주화운동의 진상을 밝히고 피해자들의 명예 회복과 보상을 한 것은 시대정신을 제대로 반영한 것으로 볼 수 있다. 하지만 친일 잔재 청산 정책은 기득권층의 강력한 저항에 부딪혀 제대로 추진되지 못하고 반쪽짜리로 남았다.

외교 면에서는 북한의 NPT 탈퇴로 인하여 한반도에 전쟁 가능성이 언급되고 북핵 문제가 본격적으로 시작되었다. 김일성의 사망으로 예정된 남북정상회담이 무산되고, 오히려 강릉 잠수함 사건이 발생하는 등 남북관계는 경직되었다.

4. 정치적 자질 평가

○ **시대정신:** 군사정권 문화 청산과 민주주의의 실질적 정착, 세계화 흐름에 맞는 국가운영 체계 확립이 시대정신이며, 이를 정확하게 인식하고 올바르게 추진하였다. 집권 초기에 30여 년간 쌓인 군사정권 문화를 실질적으로 청산하고 정치 발전을 위하여 과감한 개

혁정책을 준비하고 실행한 것은 누구도 모방할 수 없는 탁월한 업적이다. 1980년대 후반부터 신자유주의에 기반한 세계화가 진행되는 것에 대비하여 '신경제 5개년계획'을 제시한 면은 우수하였으나, 금융 개혁과 대기업 개혁이 제대로 진행되지 못한 것은 한계로 볼 수 있다.

○ **국정비전:** 하나회 척결과 군사정권 종식, 금융실명제와 공직자 재산공개 등 개혁정책을 신속하고 효과적으로 수행한 면은 탁월하였다. 개혁 과제와 방법론을 사전에 체계적으로 준비한 것으로 보이며, 전개 과정에서도 신속하고 효율적으로 추진했다고 평가할 수 있다. IMF사태를 막지 못하는 등 경제 부문과 관련하여 일부 미흡했던 면도 있으나, 이는 국가체제가 전환하는 과정에서 나타날 수밖에 없는 한계라고 볼 수 있다.

○ **도덕성:** 독재정권 종식과 민주주의 정착을 위해 평생 목숨을 걸고 노력하였으며, 공직자 재산공개를 통하여 지도자의 청렴성을 강조하고 부정부패 방지에 모범을 보인 것은 매우 훌륭하다고 평가할 수 있다. 다만 임기 말에 아들과 측근의 비리가 발생한 부분은 큰 오점으로 남았다.

5. 리더십 역량 평가

○ **인지 영역:** 지능이 뛰어나거나 전문성이 높은 편은 아니다. 정치적인 면에서 상황판단과 정무적 감각은 우수하나 정책과 관련된 분야에서는 다소 부족한 면이 많이 나타나며, 기본적으로 공부하고 연구하는 것을 좋아하지 않는 타입이다.

　-통찰력(3.5): 40대 기수론 제기, 23일간 단식투쟁, 민주화추진협의회 구성, 집권 후 하나회 척결 등을 보면 정치적으로 당대의 정치 상황을 분석하고 핵심을 파악하는 면이 탁월하다. 하지만 경제와 외교 부문에서는 그런 장점이 잘 나타나지 않는다. 자신이 잘 모르는 국정 부문에는 관심이 없고 알려고 노력하지 않은 것으로 보인다.

　-변화혁신(2.0): 군부정권 종식과 민주화 정착에만 집중하였을 뿐, 국제적 변화의 흐름을 제대로 이해하지 못했고 이해하려는 노력도 하지 않은 것으로 보인다.

　-의사결정(3.5): 자신의 정무적 경험을 바탕으로 정치 분야에서 과감하고 신속한 의사결정은 잘했지만, 자신이 경험하지 못한 분야에서는 핵심을 정확하게

파악하지 못하고 합리적 의사결정이 미흡했다.

-국제외교감각(2.0): 세계경제가 신자유주의로 변해 가는 흐름을 제대로 이해하며 대응하지 못하였고 정상외교에서도 잦은 실수가 나타난 것으로 볼 때 이 역량은 낮은 것으로 보인다.

○ **업무 영역:** 제일 좋아하는 사자성어가 대도무문(大道無門)이듯이 큰 것만 생각하고 디테일한 부분은 신경을 쓰지 않았다. 또한 '머리는 빌릴 수 있어도 건강은 빌릴 수 없다'며 연구와 토론보다는 달리기를 즐기는 행동파였다. 기본적으로 깊이 생각하고 고민하기보다 빨리 의사결정하고 바로 추진하는 면이 강하게 나타난다.

-문제해결(3.0): 하나회 척결에서 보듯이 정치와 관련된 문제는 핵심과 원인을 잘 파악하고 처리했지만, 그 외 부문에서는 대체로 문제의 핵심과 원인을 제대로 파악하지 않고 피상적으로 대처하는 면이 나타난다. 삼풍백화점 붕괴 등 대형 사고가 다수 발생했는데 사후 처리가 미흡했고, 예방책을 마련하는 능력이 떨어졌다.

-추진력(4.5): 민주화 투쟁과 집권 이후 개혁정책 추진에서 어떤 장애물이 나타나더라도 물러나지 않은

점에서 알 수 있듯, 목표가 달성될 때까지 직접 추진하여 이뤄내는 면이 탁월하다.

-조직관리(3.5): 큰 것만 직접 챙기고 디테일한 부분은 능력 있고 신뢰하는 인물에게 적절하게 권한을 위임했으며 유능한 정치 신인을 많이 등용하였다. 3당 합당 이후 당내 소수 세력이었음에도 다수 민정계 세력의 방해를 물리치고 민자당 대통령 후보가 되는 데는 지지 세력의 단합한 충성심이 크게 작용했다.

○ **관계감성 영역:** 자신의 능력과 신념에 대한 소신이 강하고 연설은 잘하는 편이지만 토론은 싫어한다. 대인관계에서 피아를 명확히 구분하여 자기편은 챙기고 반대편은 철저히 배척하는 경향이 강하다.

-공감소통(2.5): 국민의 민주화 요구를 이해하고 행동했으며, 자신이 개그 소재가 되는 것도 허락하는 등 국민과 소통하고 공감하려는 면은 양호하게 볼 수 있다. 단 정치적 이해관계자들과 토론이나 대화를 잘 하지 않고 다양한 정책적 의견을 수렴하는 데 한계가 나타난다.

-자기확신(4.0): 독재정권과의 투쟁, 3당 합당, 하나

회 척결 등 일반적으로 불가능할 것이라 생각하는 일
에서도 성공에 대한 확신을 갖고 일관되게 적극적으
로 추진하는 면이 두드러지게 나타난다.

-관계관리(2.0): 민주화 투쟁을 하면서 주도적으로
종교단체나 시민단체 등 다양한 세력들과 연합하며
행동한 면은 있으나, 대통령이 된 이후에는 그런 모습
이 줄어들었다. 정치적으로 반대편에 있는 인사들과
는 교류를 거의 하지 않아 이 부분은 다소 낮게 나타
난다.

6. 총평

독재정권 종식과 민주주의 정착에 일생을 바쳤고 성공적인 결과를
거두었으며, 군부가 더 이상 정치에 개입할 수 없도록 함으로써 오
래 이어져온 '군부독재 세력 vs 반군부 민주 세력'의 정치문화를 '보
수 세력 vs 진보 세력'의 선진적 정치문화로 전환시켰다. 또한 청렴
한 지도자상을 강조했다. 금융실명제를 실시하여 정경유착을 차단
하고 경제 투명성을 높이는 등 많은 개혁을 이루어냈음에도 불구하
고 임기 말 발생한 IMF사태로 인하여 경제 면에서는 부정적 평가
도 받고 있다.

외향적 성향이고 권력 의지와 보스 기질이 강하며, 정치적 감각이 매우 뛰어나고 결단력과 추진력이 탁월하다. 정치 엘리트 출신으로 자신에게 충성하거나 자신을 도와준 사람에게는 반드시 보상하고 챙겨주지만, 자신에게 피해를 입히거나 적대한 사람에게는 반드시 복수하는 성향도 있다. 기본적으로 공부하고 토론하는 것을 싫어하며, 변화에 적응하거나 새로운 것을 배우기 꺼려하는 반면, 부하에게 권한을 위임하고 동기 부여하는 것에 뛰어나고 충성심을 받아내는 능력이 우수하다.

대통령으로서의 업적 중에서 공은 1) 하나회 척결과 군사정권의 잔재 청산, 2)금융실명제와 공직자 재산공개 등 개혁정책, 3) 5.18광주민주화운동 문제 해결을 들 수 있다. 군사정권 잔재 청산과 금융실명제 실시는 전적으로 김영삼의 개인 역량과 의지에 의해 달성된 것으로 볼 수 있고, 5.18광주민주화운동 문제 해결은 안팎의 여러 요인이 복합적으로 작용했다고 볼 수 있다.

과는 1) IMF사태 발생, 2) 아들과 측근 비리를 들 수 있는데, 두 가지 모두 김영삼 개인의 역량 부족으로 발생했다고 보기에는 무리가 있다. 특히 IMF사태는 재벌과 수출 중심의 양적팽창만을 추구했던 한국 경제의 구조적 문제가 더 근본적인 원인이었다고 보는 것이 타당할 것이다.

김대중

1998~2003

1. 생애(1924~2009)

김대중은 1924년 1월 전라남도 신안군 하의도에서 김운식과 장수금 사이에서 태어났으며 4남 4녀 가운데 차남이었다. 1943년 목포상고를 졸업하고 해운회사에 취직했다. 1947년 화물선 1척을 구입해 동양해운이라는 회사를 차렸는데, 몇 년 후 여러 척의 선박을 소유하게 됐으며 목포일보를 인수해 사업가로서 성공가도를 밟았다.

1954년 목포에서 제3대 국회의원 선거에 무소속으로 출마했으나 낙선했고, 1959년 강원도 인제 국회의원 보궐선거에도 낙선하였으며, 4.19혁명 후에 치러진 1960년 제5대 국회의원 선거에서도 강원도 인제에서 출마했으나 낙선하였다. 1961년 5월 14일 치러진 인제 국회의원 보궐선거에 출마하여 드디어 당선하였으나, 이틀 후 5.16쿠데타가 일어나 국회가 해산되었다.

1963년 11월 제6대 국회의원 선거에 목포에서 출마하여 당선하였고, 1967년 6월 실시된 제7대 국회의원 선거에서도 당선하여 3선 국회의원이 되었다. 1970년 9월 열린 신민당 대통령 후보 경선에서는 1차에서 2등이었지만 결선투표에서 김영삼을 누르고 야당 대통령 후보로 선출되었다. 1971년 4월 제7대 대통령 선거에서 공화당의 박정희와 격돌하였다. 94만여 표 차로 패배했지만 금권과 관권이 총동원된 가운데 선전했다는 평가를 받았다. 그는 대통령 선거 유세에서 박정희가 당선하면 향후 종신제를 추진할 것이라고 주장했는데, 선거 이듬해 박정희는 그의 예언대로 유신헌법을 선포하여 대통령 직선제를 폐지하고 종신 대통령의 길을 열었다.

유신헌법 선포 이후 미국에 망명한 김대중은 한국 민주주의 회복을 위해 활동하다가 도쿄에서 중앙정보부 요원들에게 납치되어 살해될 위기에 처하기도 하였다. 미국의 개입으로 살아난 그는 국내에 돌아와 가택연금되었으며, 1977년 3월 3.1민주구국선언을 주도하면서 징역 5년을 선고받았고, 1978년 12월 가석방되었다.

1980년 전두환 군부 세력은 김대중을 내란음모죄로 몰아서 군사재판에서 사형을 선고하였다. 수감 중 미국과 유럽 여러 나라의 압력으로 군사정권은 미국에 망명하는 조건으로 그를 석방하였다. 전두환은 귀국하면 재수감하겠다고 김대중을 협박했지만, 김대중은 1985년 2월 제12대 국회의원 총선거를 앞두고 귀국해서 신민당을 지원했고 신민당은 제1야당이 되는 돌풍을 일으켰다.

김대중은 1987년 12월 대통령 선거에서 김영삼과 후보 단일화에 실패하고 독자 출마했지만 노태우와 김영삼에 이어 3위로 낙선하였다. 1992년 제14대 대통령 선거에서도 민자당 김영삼 후보에게 패배하였고, 이에 김대중은 대통령 선거 패배에 승복하며 정계 은퇴를 선언하고 영국 케임브리지대학교 객원교수가 되어 출국하였다. 1995년 7월 정계 복귀를 선언하고 국민회의를 창당하였으며, 1997년 제15대 대통령 선거에 출마하고 김종필과 DJP연합을 성사시켜 민자당 이회창 후보를 누르고 당선하였다.

2000년 10월 민주주의와 인권 신장, 남북 화해협력에 기여한 공로를 인정받아 노벨평화상을 수상하였다. 2009년 다발성 장기부전으로 사망하였다.

2. 주요 정책과 사건

제15대 대통령 당선

1997년 12월 김대중은 제15대 대통령 선거에서 40.3%의 득표율에 약 1033만 표를 획득하여 38.7% 득표율에 약 994만 표를 얻은 한나라당 이회창 후보를 39만여 표 차로 누르고 제15대 대통령에 당선하였다. 이후 약속대로 DJP연합을 맺은 김종필의 자민련과 공동정부를 출범하였고, 내각에서 국무총리와 경제사회 분야의 주요 자리를 자민련에 양보하였다.

벤처/IT기업 육성 정책

김대중 정부는 IMF 외환위기 속에서 신산업 육성을 통한 경제 회복과 일자리 창출을 목표로 정하였으며, 1997년 12월 '벤처기업육성에 관한 특별조치법'을 제정했다. 주요 내용은 벤처기업에 세금 감면, 자금 지원, 기술개발 지원 등의 혜택을 주고 자금을 쉽게 조달할 수 있도록 코스닥 시장 활성화를 추진하는 것이었다. 또한 정부 주도로 한국벤처투자조합을 설립하고 벤처기업에 자금 지원을 확대하여 IT, 인터넷, 소프트웨어 기업 중심으로 벤처투자가 활성화되었다.

IT산업을 육성하기 위해 KT 주도로 전국에 초고속 통신망 보급을 확대하여 세계 최고 수준의 인터넷 환경을 구축하였다. 인터넷 뱅킹과 전자결제 시스템 도입이 확산되었고, 인터넷 쇼핑과 온라인 게임 시장이 급성장하였다. 이때 네이버와 다음 등 신생 IT기업이 성장하여 21세기 IT 강국의 기반을 마련했다.

외채 상환을 위한 금 모으기 운동

1997년 12월 새마을부녀회의 '애국 가락지 모으기 운동'으로 시작한 금 모으기 운동은 1998년 1월 'KBS 금 모으기 캠페인'과 함께 전국으로 확산했다. 시민들이 개인 소유의 각종 금붙이를 자발적으로 가져와 맡기면, 전문가의 감정을 거친 후에 수출하여 달러화를 얻고, 그것을 당시 환율과 국제 금 시세에 따라 원화로 돌려주는 방식으로 진행되었다. 목적은 외환 보유고를 늘리는 것이었으며, 약 350만 명이 참가해 총 227톤의 금을 모았다. 금액으로는 22억 달러에 달했다.

이 운동은 IMF체제를 극복하겠다는 시민의 의지를 전 세계에 보여주었고, IMF의 초고금리 정책을 철회하는 데 기여했다.

한일정상회담과 김대중-오부치 공동선언

김대중은 1998년 10월 7일 일본을 공식 방문하였다. 일본의 오부치 총리는 정상회담에서 "과거 식민 지배에 대한 통절한 반성과 마음에서 우러난 사죄"를 공식 표명하였고 김대중은 일본 국회 연설에서 "과거를 넘어 미래 지향적 동반자 관계를 만들자"라는 메시지를 전달하였다. 주요 합의 내용은 일본의 과거사 반성, 양국 간 미래 지향적 협력 강화, 일본 수출입은행의 저리 차관 제공, 한국의 일본 대중문화 개방, 한반도 평화를 위한 공동 노력 등이다.

공동선언문 내용은 한일 국교 수립 이후 가장 발전적이고 우호적이라는 평가를 받았으며, 일본 대중문화 개방은 오히려 일본에 한류 붐을 일으키는 계기가 되었다. 일본의 금융 지원은 한국의 경제회복에 도움이 되고 양국 간 무역과 투자가 활발해지는 데 기여했다.

정주영의 소떼이 방북과 금강산 관광개발 사업

1998년 4월 정주영은 북한에 금강산 관광 사업을 제안하였다. 6월 16일에는 경제협력에 대한 진정성을 보이기 위해 소 500마리를 트럭에 싣고 군사분계선을 넘어 그의 고향인 강원도 통천에 전달하였다. 그는 북한 고위 간부들과 면담하여 경제협력 의지를 강력하게 피력하였고 6월 27일 추가로 소 501마리를 북한에 전달하였다.

이후 금강산 관광에 대한 합의서를 체결하고 현대아산이 주관하여 1998년 11월 관광선 금강호가 동해항을 출항해 금강산 관광이 시작되었고, 2003년 2월에는 버스로 군사분계선을 통과하는 육로관광이 시작되었다.

연평해전

1999년 6월 북한 경비정이 연평도 서쪽 북방한계선(NLL)을 침범하여 제1연평해전이 일어났다. 북한은 4척의 경비정이 어선 20여 척을 이끌고 NLL 남쪽 2킬로미터까지 내려왔고 남한 해군은 참수리급 고속정과 초계함 10척을 동원해 경고 방송을 하였다. 북한 경비정 여러 척이 남한 해군 고속정에 접근해 충돌하는 식으로 공격하였고, 남한 해군도 배를 직접 부딪히는 방식으로 밀어내려 했다. 그러자 북한 경비정에서 남한 해군 고속정에 기관포 공격을 가했으나 남한 해군의 반격으로 피해를 입고 퇴각하였다. 남측은 장병 7명이 부상당했고, 북측은 어뢰정 1척이 침몰하고 경비정 1척이 반파되고 3척은 파손되었으며, 수십 명이 사망하거나 부상당한 것으로 알려졌다.

2002년 6월 29일 2차 연평해전이 일어났다. 북측의 초계정 등산곶 684호가 남한 해군 참수리급 고속정 357호에 기습적으로 함포 공격을 가해 교전이 시작되었다. 357호에 탑승한 장병 6명이 전사하고 19명이 부상당했으며, 357호는 침몰하였다. 북측은 30여 명의 사상자를 내고 초계정 684호가 반파된 채 퇴각하였다. 북한은 약 한 달 후 우발적 충돌이라며 남한에 유감을 표명한 통지문을 보내왔는데, 남북관계에서 공식 통로로 전달된 첫 공개 사과 사례이다.

남북정상회담과 6.15 남북공동선언

김대중은 2000년 6월 13~15일 평양을 방문하여 분단 이후 최초로 김정일과 남북정상회담을 가졌다. 두 사람은 6.15 남북공동선언을 발표하였는데, 주요 내용은 1) 자주적 통일 추진, 2) 남측 연합제와 북측 연방제 안의 공통점 인정, 3) 이산가족 문제 해결, 4) 경제협력 및 다양한 분야의 교류 활성화 등이었다. 이후 이산가족 상봉, 경의선/동해선 복원, 개성공단 건설 등의 실질적 화해 협력 정책이 추진되었다.

이를 계기로 김대중은 민주주의와 인권 신장, 남북 화해 협력에 기여한 공로를 높이 평가받아서 2000년 10월 노벨평화상을 수상하였다.

국민기초생활보장제도 도입

2000년 10월 IMF사태 이후 급증한 빈곤층을 보호하기 위해 국민기초생활보장제도를 도입하였다. 국민기초생활보장제도는 기초 사회안전망을 제공하는 최초의 공공복지 제도로 기존의 생활보호법을 대체하였다. 소득이 최저생계비 이하인 모든 국민에게 생계급여, 의료급여, 주거급여, 교육급여를 제공함으로써 기존 생활보호법보다 지원 대상자가 확대되었고, 단순한 구호 정책이 아니라 '권리로서의 복지' 개념이 도입되었다.

이는 공공복지 시스템이 구축되는 계기가 되었으며 IMF 이후 늘어난 저소득층과 실업자에게 자활할 수 있는 기회를 제공하였다.

한일월드컵 개최

2002년 제17회 FIFA월드컵이 한국과 일본의 20개 도시에서 5월 31일부터 6월 30일까지 공동 개최되었다. 한국은 이 대회에서 4강에 진출하여 역대 최고의 성적을 거두었으며, 길거리 응원이라는 새로운 스포츠 문화를 창조하였다. 월드컵 개최로 약 26조 원의 경제 효과를 거둔 것으로 평가받으며, IMF사태를 극복한 한국의 모습을 세계에 알리고 국제적 위상이 향상되는 계기가 되었다.

3. 주요 업적과 평가

경제·사회 분야

김대중은 IMF의 요구에 따라 한국의 경제체제를 근본적으로 바꾸면서 국민의 동참을 호소했다. 그 전환 과정에서 새로운 성장동력을 발굴하였고, 경제가 서서히 회복되고 실업률이 감소했다. 또한

5년 연속 경상수지 흑자를 기록하면서 국가신용등급이 투자적격 수준으로 회복되고 외국인 직접 투자가 증가하였다.

IMF사태 직후인 1998년에는 경제성장률이 -5.1%였지만, 1999년 11.5%, 2000년 9.1%로 상승했고, 임기 동안 평균 5.6%를 기록했다. 소비자물가상승률은 1998년 7.5%, 1999년 1%, 2000년 3%로 안정세에 들어섰고, 가장 큰 문제였던 외환보유고는 1997년 말 39억 달러에서 2000년 760억 달러로 증가하였다. 이러한 성과를 바탕으로 2001년 8월까지 IMF 차입금 전액인 195억 달러를 예정보다 3년 가까이 앞당겨 상환하고 IMF 관리체제에서 조기 졸업하였다.

IMF사태 이후 경제개혁으로 재벌의 차입금 위주 경영이 없어지고, 부채비율이 대폭 축소되고(약 500% → 약 100%), 경영의 투명성이 높아지는 긍정적 효과가 나타났다. 더 이상 산업화 시대처럼 정부 주도로 강제적 경제정책을 추진하거나 정경유착을 하는 건 불가능해졌으며, 사회의 모든 면에서 글로벌 스탠더드를 따르게 되었다. 다만 경제는 회복했으나 고용 안정성이 흔들리고, 중산층이 무너져 소득 양극화가 심화되는 부정적 문제가 발생하였다.

IT산업 육성을 경제 회복의 핵심 전략으로 삼고 과감히 지원하여 새로운 성장동력을 확보하였다. IT 관련 벤처기업을 키우기 위해 중소기업 활성화 정책을 실시하였고, 벤처기업 수가 크게 늘어나 고용이 증대하고 실업률이 낮아졌다. 또한 정권 초기부터 초고속 정보통신망 구축 및 고도화에 과감하게 투자하여 미국, 일본보다 앞선 IT 강국으로 성장할 수 있었다.

사회안전망을 갖추기 위하여 2000년 국민기초생활보장제도를 도입하여 절대 빈곤층에 최저생계비를 지급하고 고용보험, 산재보험, 국민연금 확대 등을 시행하였으며, 노동자 권익 보호를 위하여 노동권 강화 정책을 시행하였다. 민주노총과 전교조를 합법화하고 노조의 정치 활동을 허용하였다. 일본 대중문화 개방에 대해서는 예술계와 국민의 반대가 심했으나, 역으로 한국문화가 경쟁력을 갖추어 세계에 전파되는 계기가 되었다.

반면에 공동정부를 같이 운영한 김종필의 반대와 기득권층의 저항으로 인하여 공기업 개혁은 제대로 이루어지지 않았으며, 임기 중반 이후에 소비 진작을 위하여 추진한 카드 발급 확대는 대량의 신용불량자를 탄생시키고 또 다른 경제문제를 낳았다.

종합하면 IMF사태를 극복한 것이 김대중 정부 최대 치적이라 할 수 있다. 실업자 증가와 소득 양극화 확대를 불러오고 우량기업을 해외 자본에 매각했다는 일부의 비판도 있지만, 단군 이래 최대의 위기라는 상황을 3년여 만에 극복한 것은 훌륭한 업적이다. 또한 다양한 복지제도를 확대 도입하고 노동자의 권리 향상에 노력하면서, 양극화의 부작용을 최소화하려 한 점도 높게 평가할 수 있다.

정치·외교·안보 분야

김대중은 자신의 전문 분야라고 자부하는 남북문제에서 햇볕정책을 추진하여 새로운 남북 관계를 정립하였다. 최초의 남북정상회담을 성사시켜 경제협력, 이산가족 상봉을 추진하였다. 또 금강산 관광과 개성공단 건설은 남북관계에서 획기적인 사건으로 기록되었다. 그러나 햇볕정책은 한나라당과 새로 등장한 미국 부시 정권이 방해와 비난을 하면서 여러 가지 난항을 겪었다.

미국과의 외교에서 클린턴 정부와는 협력적이었지만 부시 정부와는 대북정책의 차이로 갈등이 생겼다. 일본과는 국교 정상화 이래 가장 협력적 관계로 발전하였다. 1999년 일본을 방문하여 김대중-오부치 공동선언문을 발표하였는데, 이 선언문은 과거사에 대한 일본의 반성을 담고 미래 지향적인 협력을 약속하는 이상적인 한일관계의 모델을 제시한 것으로 평가할 수 있다.

정치적으로 임기 말인 2001년부터 진승현 게이트, 이용호 게이트, 최규선 게이트 등 세 아들과 측근들의 권력형 비리 게이트가 발생한 것은 부정적으로 볼 수 있다.

종합하면 햇볕정책으로 남북관계에 새로운 역사를 열었으며, 국민에게 한반도 평화에 대한 큰 희망을 주었다고 볼 수 있다. 남북 간 화해 분위기가 조성되었을 뿐 아니라 중국과의 무역 규모가 급성장하고 한일관계도 원만해지면서 동북아시아의 국제정세가 가장 안정적이고 협력적이었다고 평가할 수 있다.

4. 정치적 자질 평가

○ **시대정신:** IMF 관리체제 졸업, 글로벌 스탠더드에 부합하도록 경제 체질 개선, 남북 화해와 동서 화합을 시대정신으로 볼 수 있다. 건국 이래 최대의 경제위기 상황에서, 국민에게 상황을 정확하게 알리고 국가가 나아갈 방향을 제시하며 동참을 호소하여 국가 역량을 총동원해 위기를 극복할 수 있었다. 2차 산업 중심에서 정보화 시대로의 전환을 주도하고 글로벌 스탠더드에 적응하여 국제 경쟁력을 높였다. 햇볕정책을 통하여 남북 화해 분위기를 조성하고 국민의 대북 인식에 변화를 가져왔다. 시대정신을 정확하고 올바르게 인식하며 국정을 이끌었다고 볼 수 있다.

○ **국정비전:** 정부와 기업의 체질 개선, 국민 화합과 양극화 해소, 신성장 동력 발굴, 남북 화해 등에 대해 명확한 방법론을 제시하고 추진하였다. 대기업들이 국제 경쟁력을 갖출 수 있도록 제도를 개선하고 지원하였으며 IT기업에 대한 다양한 지원책을 통하여 21세기 신성장 동력을 창출한 면은 매우 긍정적으로 평가할 수 있다. 갑자기 발생한 국가 위기 상황에서 국정운영 방향도 체계적이고 구체적으로 제시하고 추진했다고 볼 수 있다. 금강산 관광과 개성공단 건설 등 실질적인 교류 협력 정책을 통하여 남북 화해 분위기를 조성할 수 있었다. 국민 화합을 위하여 수감 중인 전직 대통령 두 명을

사면하고, 비서실장과 내각 인사에 상당수 영남 출신 인사나 보수 진영 인사를 등용한 것도 매우 긍정적으로 볼 수 있다.

○ **도덕성:** 민주주의 수호와 인권 보호에 평생을 바쳤고 인권운동 가로서 국제적으로 지명도가 높았으며, 남북 화해와 그동안의 민주화운동에 대한 공로로 노벨평화상을 수상하였다. 집권하는 동안 동서 화합과 노동자 삶의 질 향상에 노력한 면도 긍정적이며, 대통령이 된 이후에 개인적 비리나 부패는 없어 도덕성이 우수하다고 볼 수 있다. 그러나 집권 후반부에 세 아들과 측근이 비리에 연루된 것은 부정적으로 평가받을 수 있다.

5. 리더십 역량 평가

○ **인지 영역:** 머리가 매우 명석하며 학구적이고 정치, 경제, 외교 등 다양한 분야에 해박한 지식을 갖고 있다. 거시적인 차원에서 전체 상황을 이해하고 분석하는 능력이 탁월하며, 핵심을 파악하고 미래 상황을 예측하는 면도 우수하다.

　–통찰력(4.0): 박정희의 영구 집권 의도를 꿰뚫어 본 점, IMF사태 발생 시 상황을 정확하게 파악하고 극복

방안을 빠르게 제시한 점을 볼 때 통찰력이 뛰어나다고 평가할 수 있다. 경제적 측면에서도 미래를 대비해 주요 산업의 전환을 추진하는 등 상황에 대한 분석과 판단력이 탁월하다.

-변화혁신(3.5): 세계경제의 변화를 수용하고 경제 체질 개선과 질적인 경제성장을 중시했고, 사회적으로 필요한 복지제도를 도입하였다. IMF사태를 극복하는 과정에서도 과거의 방식에 얽매이지 않고 각 분야에 새로운 방식을 도입하여 대처하였다. 이를 볼 때 변화혁신 역량이 우수한 것으로 판단된다.

-의사결정(4.0): 1995년 정계 복귀와 대통령 선거 출마, IMF의 요구를 수용하고 국민의 동참을 이끌면서 극복 방안을 제시한 것 등을 볼 때 합리적이고 적절한 의사결정을 한다고 평가할 수 있다. 자신이 잘 모르는 분야는 전문가의 다양한 의견을 수렴한 후에 결정하는 능력이 우수하다.

-국제외교감각(3.5): 국제정세에 해박한 편이며, 외교의 속성과 핵심을 정확히 파악하는 능력이 우수하다. 정권교체로 인한 미국의 정책 변화, 유럽 통합 등에 대비하였고 한일관계는 국교 정상화 이래 가장 우호적인 관계를 유지하였으며, 북한 및 중국과도 원만

한 관계를 유지하였다. 민주화운동 이력과 노벨평화
상 수상으로 국제적 지명도가 역대 대통령 중 가장 높
았다.

○ **업무 영역:** 여러 차례의 낙선과 사형선고, 납치, 가택연금에도 불
구하고 포기하지 않고 지속적으로 도전하여 대통령이 되었다. 조직
적으로 활동하는 것보다는 개인적인 열정과 불굴의 의지로 어려움
을 극복하고 도전하는 면이 도드라진다.

　-문제해결(3.5): 세 차례의 대통령 낙선에 대한 원인
을 파악한 후 DJP연합을 통해 선거 구도를 변화시켜
대통령 선거에서 승리하였고, IMF사태를 맞아 장·단
기적 해결책을 제시하고 강력하게 추진한 면에서 우
수하다고 판단할 수 있다.
　-추진력(3.5): 국회의원 선거에서 세 번 낙선하고 네
번째 도전에서 처음 당선하였으며, 대통령 선거에서
도 세 번 낙선하고 네 번째 도전하여 당선하였다. 자
신이 수립한 목표를 달성하려는 의지와 열정이 매우
높으며, 목표 달성을 위하여 무조건 강력하게 밀어붙
이기보다 상대를 설득하고 합리적인 추진 방식을 선
호하는 것으로 나타난다.

-조직관리(2.5): 많은 정치적 탄압을 받아서 주변 사람에게 절대적 신뢰를 잘 주지 않는 면이 자주 나타난다. 해박한 데다 전문 지식의 수준이 높아서인지 참모들에게 권한을 잘 위임하지 않고 직접 업무를 챙기는 경우가 많다. 정치적으로 후계자 양성을 제대로 못 한 편이지만, 정책과 관련해서는 전문가를 적절하게 활용한 점에서 조직관리는 양호하다고 평가할 수 있다.

○ **관계감성 영역:** 자기관리와 권력의지가 매우 높은 수준이며, 사회적 약자에 대한 관심과 배려가 비교적 높은 것으로 보인다. 연설과 토론을 좋아하는 편이지만 상대방의 의견을 듣기보다 자기주장에 따르도록 설득하는 성향이 강하다. 감성적인 관계는 다소 낮아 보인다.

-공감소통(3.0): 노동자, 농민, 저소득층 등 사회적 약자의 입장을 이해하고 이들을 위한 정책을 다양하게 추진하였다. 토론을 좋아하고 논리적으로 연설을 잘하며 국민에게 메시지를 전달하는 능력도 우수하다. 단 상대방 의견을 경청하기보다 본인이 아는 것을 말하고 가르치는 것을 좋아하는 성향이 있다.

-자기확신(4.0): 민주주의, 남북문제, 경제문제에 대

한 전문성을 갖고 있으며, 자기 생각이 옳다는 확신으로 절대 포기하지 않고 오랜 준비를 한 후에 추진한 면에서 매우 높은 수준으로 보인다. 자신의 신념과 지식에 대한 자신감이 충만하면서도 박정희의 업적을 인정하고, 경제와 관련한 자신의 견해와 정책을 지속적으로 수정 보완했다. 일관되면서도 합리적이다.

-관계관리(3.5): DJP연합을 이루어 대통령 선거에서 승리하고 한동안 공동정부를 운영하였다. 오랫동안 국내외 시민단체 및 정치 지도자들과 다양하고 원만한 관계를 유지하면서 활용하는 면이 자주 나타났다. 또한 집권 후 일면식도 없거나 대립했던 인사들도 국익을 위해서 등용한 면에서 이 능력이 우수하다고 볼 수 있다.

6. 총평

기본적으로 중도, 진보, 실용주의 노선을 걸었다. 정치, 외교, 경제에 상당한 전문성을 갖고 있고 이에 대한 자부심이 강하다. IMF사태를 무난하게 극복하고 경제체질을 개선하였으며, IT산업을 육성하여 선진국으로 가는 신성장 동력을 마련했다. 햇볕정책을 통하여 국민에게 북한에 대한 새로운 접근방법을 제시하고 남북한 화해 분위기를 조성하였다. 역대 대통령 중 유일하게 탕평책을 실행하여 자신과 거리가 먼 영남권 인사들이나 반대편에 있던 인사들도 청와대와 내각에 등용하여 국민 화합과 지역감정 해소를 위해 노력하였다.

권력의지와 성취 욕구가 매우 강한 성향이며, 분석적이고 논리적인 사고로 상황을 정확히 판단했다. 사형 선고, 투옥, 가택연금과 망명 등 목숨이 위태로운 많은 일을 겪으면서도 결국 대통령이 된 점을 볼 때 실패를 딛고 일어서는 회복력도 높은 것으로 판단된다. 기본적으로 부하에게 업무를 일임하지 않고서 혼자서 일을 처리하는 면이 강하고, 과감한 결단과 밀어붙이기식 추진은 잘하지 못했다.

대통령으로서 업적 중에서 공은 1) IMF사태 극복과 경제 체질 개선, 2) 남북 화해와 동북아 평화, 3) IT산업 육성 등을 들 수 있는데, 세 가지 업적 모두 김대중 개인의 역량과 의지에 의해서 달성된 것으로 보는 것이 타당할 것이다.

과는 아들과 측근의 비리를 들 수 있는데 이는 김대중 개인의 역량이나 자질에 기인한다고 보기에는 무리가 있다.

노
무

2003~2008

현

1. 생애(1946~2009)

노무현은 1946년 경남 김해에서 노판석과 이순례의 3남 2녀 중 막내로 태어났다. 부산상고를 졸업하고 막노동을 하다가 군에 입대하고 1971년 만기 제대하였다. 1975년 제17회 사법시험에 합격해 2년의 연수 과정을 거치고 판사로 임용되었으나, 7개월 만에 사직하고 부산에서 변호사 개업을 하였다.

평범한 변호사였던 그는 1981년 부림사건의 변호인이 되면서 인권변호사의 길에 들어섰으며, 이후 문재인과 함께 경남, 울산 지역의 노동 사건과 시국 사건을 주로 맡았다. 1987년 6.10민주항쟁 당시 부산 국민본부 상임집행위원장을 맡아 항쟁을 진두지휘하였으며, 김영삼의 권유로 1988년 제13대 국회의원 총선거에서 부산 동구에 출마하여 당선하였다. 그해 11월 국회 제5공화국 청문회에서 뛰어난 언변과 논리 정연한 질문, 그리고 퇴장하는 전두환에게 명패를 던지는 돌출 행동으로 일약 스타로 떠올랐다. 1990년 김영삼이 3당 합당을 하자 합류를 거부하고 소위 '꼬마 민주당' 창당에 참여하였다. 꼬마 민주당은 1991년 김대중의 신민당(신민주연합당)과 합당해 민주당이 되었다.

노무현은 민주당 소속으로 1992년 제14대 국회의원 총선거에서 부산 동구에 출마하였으나 낙선하였고, 1995년에는 부산시장에 출마하였다가 낙선하였다. 이후 김대중이 정계 은퇴를 번복하고 새

정치국민회의를 창당하자 많은 민주당 정치인들이 넘어갔지만 노무현은 민주당에 남았고, 1996년 제15대 국회의원 총선거에서 서울 종로에 출마하여 이명박과 이종찬에 이어서 3위로 낙선하였다. 이후 새정치국민회의에 입당한 그는 1998년 이명박이 선거법 위반으로 국회의원직을 잃으며 치러진 종로 보궐선거에 출마하여 당선하였다. 2000년 제16대 국회의원 총선거에서 지역감정의 벽을 허물겠다며 열세 지역인 부산 북강서을에 출마하였으나 낙선하였다. 이 과정에서 그는 지지자들로부터 '바보 노무현'이라는 별명을 얻었고, 노무현의 팬클럽인 '노사모(노무현을 사랑하는 모임)'가 탄생하여 인터넷을 중심으로 점차 세력이 커졌다.

2001년 9월 부산에서 대통령 출마를 선언하고 민주당 대통령 후보 경선에 나섰다. 후보 선출 가능성이 낮았던 그는 예상을 깨고 민주당 후보로 확정되면서 돌풍을 일으키지만, 지지율이 떨어지면서 할 수 없이 정몽준 대한축구협회장과 후보 단일화를 하게 된다. 여론조사 방식을 통한 경선 결과 4.6% 차로 승리하여 최종 후보가 되었고, 제16대 대통령 선거에서 이회창 후보를 누르고 당선하였다.

2009년 4월 부인과 딸, 친형 등의 뇌물수수 의혹과 관련하여 대검 중수부에서 소환조사를 받은 후, 5월 봉하마을 사저 뒷산에 올라가 투신자살하였다.

2. 주요 정책과 사건

제16대 대통령 당선

2002년 12월 제16대 대통령 선거에서 민주당 노무현 후보가 48.9%의 득표율에 약 1200만 표를 획득해서 46.6%의 득표율에 약 1144만 표를 획득한 한나라당 이회창 후보를 누르고 당선하였다.

본래 한나라당 이회창 후보의 압도적으로 우세가 점쳐졌으나 민주당 경선 과정에서 '노풍'이 불며 경쟁이 치열해졌고, 노무현-정몽준 단일화 효과로 노무현 후보가 우위를 점할 수 있었다. 제16대 대통령 선거는 한국 정치사에서 인터넷 정치, 세대 변화, 개혁 성향 정치의 부상을 보여준 사건이었다.

대북송금특검법 통과

2003년 3월 국회에서 대북송금특검법이 통과되었다. 현대그룹이 남북정상회담 직전에 북한에 4억 5000만 달러를 송금하였는데, 이 중 5000만 달러가 국정원 자금에서 나간 것이 확인되었다. 이기호 전 경제수석과 박지원 전 대통령 비서실장이 불법 외환거래와 직권남용 혐의로 기소되고, 현대그룹 정몽헌 회장은 2003년 8월 검찰 조사를 받은 후 억울하다는 유서를 남기고 자살하였다.

이후 북한은 남한 내부의 정치적 문제로 남북정상회담의 업적을 훼손했다며 반발하였고 남북관계가 경색되었다. 이 사건으로 김대중 정부의 대북정책과 남북정상회담의 정당성이 훼손되면서 여당 내에서 노무현을 따르는 친노계와 김대중을 따르는 동교동계의 갈등이 심화되고 결국 분당하고 말았다.

자이툰 부대 이라크 파병

2003년 3월에 이라크를 침공한 미국은 동맹국들에게 파병과 전쟁 지원을 요청하였다. 국내에서 보수진영은 한미동맹 강화를 위해 파병에 찬성하고, 진보진영과 시민단체는 '명분 없는 전쟁'이라며 파병에 반대하여 심각한 국론 분열이 일어났다. 노무현은 국익을 위해 파병해야 하며 이라크 파병은 전략적 선택이라고 주장하며 파병을 결정하였다.

2003년 4월 공병과 의료부대 등 비전투병력 600명을 파병하였다. 같은 해 9월 미국은 추가 파병을 요청했고, 이듬해 8월 한국은 8000여 명 규모의 자이툰 부대를 이라크 북부 아르빌 지역에 파병하였다. 자이툰 부대는 현지에서 평화 유지와 재건 활동 업무를 마치고 2008년 12월 철수하였다. 이라크 파병은 평화 유지와 재건 활동을 주목적으로 하는 한국군 역사상 가장 규모가 큰 파병 경험이었고, 이후 아프가니스탄과 아랍에미리트연합 등에 파병을 하는 데도 영향을 주었다.

민주당 분당과 열린우리당 총선 승리

2003년 9월 노무현은 민주당을 탈당했다. 이는 정치적으로 김대중과의 결별이었다. 친노 세력은 정당개혁과 정치개혁, 지역감정 해소를 기치로 내걸고 세력을 모아서 같은 해 11월 열린우리당을 창당하였다.

열린우리당 창당에 참여한 국회의원은 44명에 불과하였지만 2004년 1월 여론조사에서 열린우리당이 지지율 1위를 기록하였다. 노무현은 제17대 국회의원 총선거에서 열린우리당이 국민의 많은 지지를 받았으면 한다는 발언을 하여 선거법 위반으로 고발되었는데, 이를 이유로 민주당과 한나라당이 3월 대통령 탄핵소추안을 가결했다. 곧바로 탄핵소추를 반대하는 여론이 들끓기 시작했고, 민주당과 한나라당은 여론의 역풍을 맞았다. 그 결과 4월 국회의원 총선거에서 열린우리당은 152석을 얻어서 제1당이 되었다. 그 후 5월에 헌법재판소는 대통령 탄핵소추안을 기각했다.

행정수도 이전 위헌 판결

노무현은 대통령 선거 당시에 수도권 과밀화 해소 및 지방 균형 발전을 위해 수도를 충청권으로 이전하겠다는 공약을 제시하였다. 그리고 취임 즉시 신행정수도 건설추진기획단을 설립한 뒤 대통령실과 국회 및 정부 부처를 신행정수도로 이전하고 서울은 경제·문화 중심지로 남길 계획이라고 발표하였다. 그러나 이를 위해 제정한

'신행정수도의 건설을 위한 특별조치법'이 2004년 10월 헌법재판소에서 위헌으로 판결되어 행정수도 이전 계획은 무산되었다. 이후 행정 중심 복합도시 건설로 계획이 변경 추진되어 행정부 일부를 이전하긴 했으나, 업무 비효율성으로 인한 피해가 컸다. 국회 이전 등 여러 문제는 지금도 해결되지 않았다.

노무현은 대통령 선거에서 행정수도 이전과 더불어 공공기관 지방 이전을 공약으로 제시했으며, 행정수도 이전이 무산되자 공기업 및 공공기관 이전을 적극 추진하였다. 2004년 '국가 균형발전 특별법'을 제정하여 전국에 10개 혁신도시를 지정하고 수도권 소재 176개 공공기관 이전을 확정하였다. 이는 대한민국 역사상 최대 규모의 국토 균형발전 정책이라고 볼 수 있지만, 진주시와 나주시를 제외하고는 이전 효과가 기대에 미치지 못했다는 평가를 받는다. 공기업과 공공기관 본사를 지방 중소도시로 이전했지만 사회의 핵심 기능이 서울에 집중된 상황에서 여전히 수도권에 별도의 사무실을 운영해야 했고, 지방의 본사는 정주 여건이 부족하여 직원들이 정착하는 데 많은 어려움을 겪었다.

열린우리당 몰락

2005년 4월 국회의원 재보궐 선거에서 열린우리당은 6개 지역구에서 모두 참패하여 국회 과반 의석을 차지하는 데 실패했다. 이에 노무현이 지역 구도 타파를 목적으로 한나라당에 연정을 제의했으나 거절당했고, 이로 인해 당내 갈등은 더욱 심화되었다. 10월 국회의원 재보궐 선거에서도 4개 지역구에서 한나라당이 모두 이겼고, 2006년 6월 지방선거에서는 열린우리당이 16개 광역단체장 선거 중 전북 1개 지역만 승리하고 한나라당이 12개 지역을 석권하는 결과가 나왔다.

연이어 참패한 원인은 부동산 정책 실패와 일반 국민의 경제적 어려움, 성과 없는 개혁에 대한 피로감, 보수의 결집 등을 들 수 있다. 당 지지율이 8.3%로 추락하고 대통령의 국정 수행에 대한 지지율은 9.9%로 추락하였다. 이로써 열린우리당의 정치 실험은 실패로 끝났다. 2007년 8월 노무현의 반대에도 불구하고 열린우리당은 해체되어 대통합민주신당으로 개편되었다.

한미FTA 타결

노무현은 2006년 1월 신년 연설에서 "우리 경제의 미래를 위해 미국과 FTA를 맺어야 한다"고 발표하였고, 이후 긴 협상 끝에 2007년 4월 2일 타결하고 6월 30일 협정문에 정식 서명하였다. 한미FTA는 경제 전반을 망라하는 포괄적 자유무역협정이다.

노무현 정부는 한국 경제의 장기적 성장을 위해 개방과 경쟁력 강화가 필요하다고 주장하면서 한미FTA를 적극 추진하였다. 한미FTA로 대미 수출과 외국인 투자가 증가하고 한국 기업들의 해외 진출이 확대되었다. 반면에 미국의 값싼 농산물 수입으로 국내 농가의 피해가 커졌다.

10.4 남북정상회담

2007년 10월 2~4일 노무현은 판문점을 거쳐 육로로 평양을 방문하여 김정일과 남북정상회담을 가졌다. 회담에서 합의한 주요 내용은 1) 한반도 평화 정착: 종전선언 추진, 서해 NLL 인근 평화협력지대 조성, 군사적 신뢰 구축, 2) 경제 협력 확대: 개성공단 활성화, 서해 경제특구 조성, 철도와 도로 연결, 북한 인프라 개발 지원, 3) 인도적 문제해결: 이산가족 상봉 정례화, 문화 체육 교류 활성화 등이다.

그러나 10.4 남북공동선언의 내용은, 다음 해 남한에 보수정권이 들어서고 북한이 핵을 개발하여 남북관계가 경색되면서 거의 실현되지 못했다.

부동산 정책 실패

노무현은 집권 초부터 땅 부자와 투기 세력에 적대감을 갖고 부동산 가격을 잡기 위하여 여러 정책을 제시했다. 대표적으로 투기과열지구 확대와 재건축 규제 등의 투기 억제 정책, 종합부동산세 도입과 양도소득세 강화 등의 세제 강화 정책, 2기 신도시(판교, 동탄, 위례 등) 건설과 임대주택 확대 등의 공급 확대 정책이 있다.

강력한 부동산 억제책으로 인하여 강남과 수도권의 부동산 가격이 잠시 안정된 듯 보이고 투기가 감소하였으나, 전체 부동산 시장이 침체되고 건설 경기가 악화되어 공급이 감소하면서 부동산 가격이 다시 상승하는 악순환이 나타났다. 또 풍선효과가 나타나 서울 강북과 지방의 신도시에서도 투기 바람이 불었다. 여기에 더해 종합부동산세 일부 조항이 헌법재판소에서 위헌 판결을 받아 정책이 바뀌는 등 부동산 시장의 혼란이 가중되었다.

3. 주요 업적과 평가

경제·사회 분야

임기 중 평균 경제성장률은 약 4.7%였다. 과거에 10% 내외의 성장률을 체험하던 국민들에게는 낮게 느껴졌겠지만 OECD 국가들 중에서는 비교적 양호한 편이었다. 2007년에는 1인당 국민소득이 처음으로 2만 달러를 돌파하였다.

경제정책은 임기 초 진보적 이데올로기 중심에서 중반 이후 실무형 실용주의로 전환하였다. 분배와 복지를 중요시하다가 성장잠재력 확충과 국가경쟁력 강화를 강조하는 쪽으로 바뀌었고, 초반에는 친노동자 정책을 펼치다가 후반에는 노조를 비판하는 친기업적 발언이 많아졌다. 진보 세력이 반대한 한미FTA를 강하게 밀어붙이기도 하였다. 이러한 정책 변화는 보수와 진보 양 진영으로부터 비판을 받았는데, 진보는 신자유주의 정책으로 양극화가 커지고 노동자가 힘들어지고 있다며 비판하였고, 보수는 반시장·반기업주의로 투자를 위축시킨다고 비판하였다.

부동산 부문에서는 초기부터 많은 규제를 도입했지만, 도리어 서울 집값이 폭등하면서 민심 하락을 맞이하였다. 스스로 정책 실패를 인정하며 수요 억제에서 공급 확대로 정책을 전환하였으나, 그러는 사이 많은 시행착오와 혼란이 발생하였다. 신도시와 혁신도시 개발은 전국 부동산 가격이 폭등하는 결과를 불러왔다.

종합하면 초기에 진보적 이념에 집착하여 개혁적인 경제정책을 여러 가지 추진하였으나, 국내외 상황을 직시한 이후에는 한미FTA 체결, 공급 위주의 부동산 정책, 친기업 정책 등 보수적인 정책을 추진하여 양쪽에서 비판을 받는 어려움을 겪었다. 정책에 대한 사전 준비가 부족했다고 볼 수 있으며, 미완성인 정책을 추진하면서 사회 혼란과 지지율 하락을 자초하였다.

정치·외교·안보 분야

외교·안보에서는 기본적으로 동북아균형자론과 자주국방을 주장하였다. 대통령 후보 시절 "반미 하면 좀 어떤가"라는 언급으로 대미외교에 불안감을 주었으나, 당선 이후에는 당내 측근들과 지지자들의 반발을 겪으면서도 한미FTA 체결과 이라크 파병을 추진하는 등 실용주의 노선으로 전환하였다. 한미FTA는 결과적으로 대미 수출이 늘어나는 등 한국 경제에 큰 도움을 주었으며, 이라크 파병 또한 이후 다른 나라에서 UN평화유지군 활동을 하는 데 도움이 되고 국제사회에서 한국의 영향력을 높이는 계기가 되었다.

한국 최초의 정치인 팬클럽인 '노사모'는 노무현 당선에 결정적인 역할을 했으며, 국내에서 팬덤정치의 시작을 알리는 신호탄이 되었다. 이후에 비슷하게 정치인 개인을 지지하며 활동하는 모임이 지속적으로 출현하였는데, 팬덤정치는 국민의 정치 참여 증가와 직접 민주주의 확산이라는 긍정적인 면과 무비판적인 지지와 정치적 대립의 심화라는 부정적인 면을 모두 보여주고 있다.

기업 및 단체의 정치자금 후원 금지, 소액 다수 기부제를 제도화한 정치자금법 개정은 한국 정치의 투명성 제고에 이바지하였다. 다만 선거제도 개혁, 정당 개혁, 지방분권 강화, 사법개혁, 검찰개혁 등은 기득권층의 반발로 인하여 제대로 추진되지 못하였다.

종합하면 정치와 관련하여 노무현의 등장과 활동은 한국 정치문화의 큰 전환점이라고 할 수 있다. 비주류 출신이 처음 대통령이 된 것이고, 노사모로 대변되는 인터넷 중심의 참여 정치가 확대되었다. 정치자금법 개정을 통하여 그가 추구했던 "돈 안 쓰는 정치"도 상당 부분 이루어졌다. 단 너무 많은 것을 추진하려다가 기득권 세력의 저항에 부딪히고 국민의 공감을 얻지 못해 좌초한 정책도 많다. 레임덕이 급속하게 진행되는 과정에서 추진한 남북정상회담이나 개헌안 등이 제대로 진행되지 못한 점은 아쉬움으로 남는다.

4. 정치적 자질 평가

○ **시대정신:** 권위주의 정치 청산, 지역주의 극복과 국민 화합, 글로벌 스탠더드 적응과 양질의 일자리 창출이 시대정신이라고 할 수 있다. 비주류 출신 대통령으로서 정치 세력의 변화를 가져왔고, 참여정부라는 명칭에 맞게 일반 시민의 정치 참여가 증가하였다. 권위주의 정치를 청산하고 정치개혁을 시도하여 일정 부분 이루었다. 지역불균형을 해소하기 위하여 중앙정부의 권한을 상당 부분 지자체로 넘기고 행정 중심 도시와 지방 혁신도시를 건설하는 등 국토 균형발전을 이루려고 노력하였다. 시대정신을 제대로 인식하였으며 정책 방향도 21세기에 맞게 설정하였다고 볼 수 있다.

○ **국정비전:** 국민 화합, 부의 분배, 복지 증진에 대한 이상주의적 정책을 많이 제시하였으나 방향이 불분명하고 방법론이 미흡하였다. 초반에 진보적 이념에 기반한 정책을 추진하다가 정치·경제적 혼란을 겪은 후에 실용주의 노선으로 전환하였으나, 이로 인해 진영 간 갈등이 유발되었다. 지역주의 극복을 위해 대연정을 제안하였으나 받아들여지지 않았고, 지지 세력 내에서도 분열이 일어났다. 집권 말기에 남북정상회담을 열고 남북관계에 주력하였으나 레임덕으로 성과를 보지 못하였다.

○ **도덕성:** 인권변호사 출신으로 사회적 약자와 소외계층을 위하여 노력했으며, 국회의원 시절부터 깨끗하고 정의로운 정치의 모범을 보이고 당선 후 정치개혁에 기여한 공이 크다. 개인적 비리나 부패가 없이 깨끗하여 도덕성과 관련한 부분은 우수하다고 평가할 수 있으나, 집권 후반 가족과 일부 측근의 비리가 오점으로 남았다.

5. 리더십 역량 평가

○ **인지 영역:** 비교적 우수한 편이며, 특히 학습 능력이 높은 것으로 보인다. 단 이상주의적 성향이 강하고 정치 경험이 부족하여 문제와 상황에 대하여 거시적이고 종합적인 접근과 분석을 하는 면이 약하고 단편적으로 사고하는 면이 강하다.

> **-통찰력**(3.0): 21세기 정치개혁과 사회개혁의 방향을 잘 제시했지만, 경험 미숙으로 인하여 종합적인 분석이 부족하고 이해관계자의 속성과 욕구를 제대로 파악하지 못하는 한계를 보였다. 그렇지만 한미관계에서 파악되듯 체계적인 학습 후에는 전체 상황과 핵심을 정확하게 파악하는 능력을 보여주었다.
> **-변화혁신**(4.5): 정치인이 된 이후 정치 기득권 세력

에 도전하며 권위주의 청산과 정치개혁을 위해 평생을 노력하였다. 한미FTA 체결과 이라크 파병에서 보이듯이 국제 정치·경제 흐름의 변화를 인정하고 그에 맞게 정책을 전환하는 면이 탁월하다. 또한 초반에 이념 위주의 정책을 추진하다가 잘못된 점과 한계를 느낀 이후에 실용주의로 전환하는 등 끊임없이 변화하는 모습을 보인다.

-의사결정(2.5): 복잡한 상황에서 신속하게 의사결정을 할 수는 있으나, 주변 상황과 이해관계자들의 입장을 치밀하게 계산하지 못하고 단편적으로 접근하여 성급하게 결정하는 면이 강하다. 집권 후반에는 연정 제의와 개헌론 주장에서 보이듯이 철저한 준비 없이 보수와 진보를 오락가락하는 행보가 자주 나타났고 원하는 결과를 얻지도 못했다.

-국제외교감각(2.5): 초반에는 이념에 집중하여 미국과 외교적 갈등과 오해를 일으키기도 했으나, 외교·안보의 특성과 현실을 이해하고 방향을 바꾼 점은 양호하게 평가할 수 있다.

○ **업무 영역:** 모든 일에 열정이 높고 신속하게 행동하는 면이 있으나 대부분의 업무에서 개인플레이를 하는 성향이 강하다. 조직생활

경험이 없는 변호사 출신으로서 체계적이고 단계적으로 일을 처리하는 면은 약하다.

-문제해결(2.5): 사회 이슈를 많이 불러일으켰으나 원만하게 해결한 것은 적다. 부동산 대책에서 드러났듯 이해관계자가 많고 복잡한 상황을 단편적으로 접근하고 문제의 핵심과 원인을 깊이 파악하지 않고 돌진하는 타입이어서 효과적으로 문제를 해결하는 데 한계가 나타난다.

-추진력(3.5): 자신의 신념과 생각을 관철하기 위해 상대를 적극적으로 설득하지만 체계적으로 추진하는 면은 약하다. 열정과 회복탄력성이 높아서 여러 차례 국회의원 낙선에도 불구하고 소신을 버리지 않고 계속 도전하였고, 가능성이 희박한 상황에서도 대통령 선거에 도전하여 성공하는 모습을 볼 때 이 역량이 높다고 판단할 수 있다.

-조직관리(2.0): 조직관리에 대한 이해와 경험이 부족한 것으로 보인다. 조직을 장악하기보다 자율에 맡기는 타입이다. 인재를 중용하여 적재적소에 배치하는 능력과 조직 구성원을 체계적으로 관리하는 능력이 부족하다.

○ **관계감성 영역:** 외향적 성향이 매우 강하고 토론을 좋아하며 본인이 말을 많이 하는 것을 좋아한다. 사회적 약자에 대한 관심과 배려심이 많고 다양한 사람들과 어울리기를 좋아하지만 이 영역과 관련된 스킬은 높지 않은 것으로 보인다.

-**공감소통**(4.0): 사회적 약자와 소외계층의 입장과 어려움을 이해하고 그들의 문제를 해결하려고 노력했다. 인권변호사로서 억울한 이들을 무료 변론하고 적극적으로 대변하였다. 그렇지만 자신이 추진하는 정책과 관련하여 상대를 이해시키고, 효과적인 메시지를 통하여 국민 공감을 얻는 데는 한계가 있었다.

-**자기확신**(4.0): 국회의원 선거에서 당선보다 낙선이 더 많았는데, 당선이 쉬운 지역구에 출마하는 대신 격전지에서 출마한 것 때문이다. 이익을 좇아서 대세에 따르기보다 자신의 이상과 신념에 따라 행동하였다. 소신이 강하고 개혁을 강조하면서도 국제환경 변화에 맞게 정책을 전환하는 유연성도 보인다.

-**관계관리**(2.5): 사회적 약자의 인권 향상과 민주주의를 위하여 종교, 노동, 시민 단체 등과 활발히 교류하고 협력하였다. 단 피아를 명확하게 구분하고 반대세력을 적대시하고 협력하지 않는 경향이 자주 나타

나서 이 역량은 보통 수준으로 볼 수 있다.

6. 총평

최초의 비주류 출신 대통령이고 대한민국을 개혁하고자 했던 이상주의자였다. 친서민 정책과 사회적 약자를 위한 복지, 정치개혁과 자주외교 등 하고 싶은 것은 많았으나, 의욕만 앞서고 정치와 행정 경험이 부족하여 제대로 해결한 것이 적고 국민 갈등만 증폭시킨 면이 있다. 본인은 지역감정 해소와 국민 화합을 추구하였으나 집권 기간 지역감정에 더하여 이념에 기반한 진영 갈등까지 확대되어 국론 분열이 더욱 심화되었다. 퇴임 당시에 측근들은 스스로 폐족이라고 할 정도로 국민들의 원망을 많이 받았지만, 사망 이후에는 국민 여론조사에서 역대 대통령 중에 호감도가 가장 높은 대통령으로 꼽히고 있다.

정의롭고 순수한 성향이며 이상주의를 추구하였다. 외향적이고 솔직하며 감정적인 면이 강하여 말실수가 잦았다. 개인의 이익을 계산하지 않고 신념과 소신이 강하여 국익에 도움이 되는 것이라 판단하면 지지 세력의 반대에도 불구하고 추진하였다. 임기 중 후반에 정책 방향을 바꾼 것은 변질이 아니라 국익을 개인의 정치적 이익보다 우선시했기 때문이다.

대통령으로서 업적 중에서 공은 1) 정치자금법 개정 등 정치개혁과 국민의 정치 참여 확대, 2) 한미FTA 타결을 들 수 있는데, 두 가지 모두 노무현 개인의 신념과 의지에 절대적으로 기인한 것으로 볼 수 있다.

과는 1) 팬덤정치 등장과 국민 갈등 심화, 2) 부동산 정책 실패를 들 수 있는데, 부동산 정책 실패는 개인의 역량이 부족한 면에 기인한다고 볼 수 있고 국민 갈등 심화는 노무현 개인과 사회환경적 요인이 같이 작용했다고 보는 것이 타당할 것이다.

이

명   *2008~2013*

박

1. 생애(1941~)

이명박은 1941년 12월 일본 오사카에서 이충우와 채태원 사이 4남 3녀 중 3남으로 태어났다. 해방 이후 그의 가족은 귀국하여 포항에 정착했으나 곤궁한 생활은 계속되었다. 국민학생 시절부터 성냥, 김밥 등을 팔며 생계를 도운 그는 가까스로 중학교를 졸업하고 동지상업고등학교 야간부에 입학했다. 낮에는 채소를 팔면서 고등학교를 졸업하였고, 1961년 고려대학교 상경대에 입학하였다. 1964년 정부가 한일수교를 추진하자 이명박은 총학생회장 직무대행으로서 이에 반대하는 시위(6.3항쟁)를 이끌었다. 이로 인해 수감되어 재판에서 징역 3년에 집행유예 5년을 선고받았다.

　　1965년 현대건설에 평사원으로 입사하여 뛰어난 성과를 내면서 초고속 승진을 하였다. 1970년 입사 5년 만에 이사가 되었고, 1977년 37세 나이에 사장으로 승진하였으며, 1988년 현대건설 회장에 취임하였다. 1990년 그의 성공담을 주제로 한 드라마 〈야망의 세월〉이 선풍적인 인기를 끌면서 그의 대중적 인기도 함께 올라갔다. 1992년 현대의 정주영 회장이 국민당을 창당하고 입당을 제안했으나 이명박은 정주영의 제의를 거절하고 회사를 나왔고, 같은 해 김영삼의 권유로 민자당에 입당하여 전국구로 출마해 제14대 국회의원에 당선하였다. 1996년 제15대 국회의원 총선거에서 서울 종로에 출마하여 이종찬과 노무현을 제치고 당선하였으나, 이후 선거 비용을 초과 지출한 것이 밝혀졌다. 이 사실을 폭로한 측근을 해외로 도피시키기까지 해서 이명박은 선거법 위반과 범인 도피죄로 기소돼 벌금 700만 원을 선고받았고, 스스로 의원직에서 물러났다.

2002년 서울시장 선거에 출마하여 당선하였다. 서울시장 재임 중 청계천 복원 사업, 교통카드와 버스 중앙차로제 도입 등이 성공적으로 추진되면서 인기가 상승했고, 이를 기반으로 2007년 한나라당 대통령 후보 경선에서 박근혜를 1.5% 차로 누르고 한나라당 후보가 되어 제17대 대통령에 당선하였다.

퇴임 후 2018년 3월 삼성 등으로부터 총 110억 원대 뇌물 수수, 다스에서 349억 원 횡령, 직권남용 및 조세 포탈 등 기타 혐의로 구속 수감되었고, 2020년 10월 대법원에서 징역 17년에 벌금 130억 원, 추징금 58억 원이 확정되었다. 2022년 특별 사면으로 석방되고 복권되었다.

2. 주요 정책과 사건

제17대 대통령 당선

2007년 12월 한나라당 이명박 후보는 제17대 대통령 선거에서 48.7%의 득표율로 26.1%를 얻은 대통합민주신당 정동영 후보를 누르고 당선하였다. 이명박의 당선은 선거 전부터 예상된 일이었다. 전 정권의 부동산 및 민생 정책 실패와 코드인사로 인한 편 가르기, 팬덤정치 등으로 국민의 불만이 극에 달한 상황이었기 때문이다. 네거티브 전략이 만연한 이 선거는 역대 최저 투표율인 63%를 기록하였다.

한미 소고기 협상과 촛불시위

2003년 미국에서 광우병이 발생한 이후 미국산 소고기는 '30개월 령 미만의 뼈를 제거한 고기'에 한해서만 수입을 허용하였다. 그러나 새 정부는 2008년 4월 새로 협상을 하며 30개월령 미만의 소는 척수와 뇌 등 특정 위험 부위까지 수입할 수 있고, 30개월령 이상 소도 뼈와 내장까지 수입할 수 있는 것으로 수입 허용 조건을 대폭 완화하였다. 이후 한 TV 프로그램에서 미국산 소고기의 광우병 위험성을 다룬 후 민심이 폭발하며 촛불시위가 벌어졌고, 이명박의 방미 일정에 맞추어 미국 요구를 무조건 수용한 것으로 알려지면서 국민들은 재협상을 요구하였다. 이명박은 대국민 사과와 전면 개각을 약속하고 6월 재협상을 실시하였다.

한반도 대운하 사업과 4대강 사업

이명박은 대통령 선거 공약으로 한강과 낙동강을 연결하여 인천에서 부산까지 약 540킬로미터 길이의 내륙수로를 건설한다는 한반도 대운하 건설 사업을 제시하였다. 그러나 경제성 논란과 환경파괴 논란, 수도권과 지방 간의 불균형 발전에 대한 우려 등이 제기되어 반대 여론이 70%를 넘었다. 2008년 6월 촛불시위로 정부 정책 전반에 대한 여론이 나빠지자 "국민이 반대하면 추진하지 않겠다"고 선언하고 공식 폐기하였다.

이후 중단된 듯 보이던 대운하 사업은 6개월 후 4대강 사업으로 변형되어 추진되었다. 4대강 사업은 홍수 피해 예방, 수자원 확보, 수질개선, 지역발전 등을 목적으로 하여 한강, 낙동강, 금강, 영산강 등 4대강의 바닥에 쌓인 토사를 파내고 16개의 보를 건설하는 것이었다. 2008년부터 2022년까지 총 22조 원의 예산을 투입해 공사가 진행되었다.

금강산 관광객 피살 사건

2008년 7월 11일 새벽 금강산으로 관광을 간 한 남한 여성이 산책하던 중 북한군의 총격을 받아 사망하였다. 북측은 이 여성이 군사통제구역을 침범하고 정지 지시를 무시해서 발포했다고 주장하였다. 군사통제구역을 넘어간 것은 사실로 판명되었지만, 조사가 중단되면서 정확한 진상은 알 수 없게 되었다. 정부는 즉시 금강산 관광을 중단하였고 이후에 개성 관광사업도 전면 중단되었다. 남북관계는 급속히 경색되어 이명박 집권 기간 내내 악화되었다.

리먼 브라더스 파산과 세계 금융위기

2004년 미국에서 저금리 정책이 종료되면서 주택경기는 침체되고 대출이자가 올랐다. 서브프라임(비우량) 모기지를 이용한 사람들은 원금과 이자를 갚지 못했고, 이 여파로 금융기관들은 대출금을 회수하지 못하게 되었다. 2007년 미국 2위 서브프라임 모기지 대출회사인 뉴센추리파이낸셜이 파산신청을 하자, 이 여파가 은행과 증권사 등 금융계 전체로 확산하여 급기야 2008년 9월 미국 4대 투자은행인 리먼 브라더스가 파산을 신청했다. 미국발 금융위기가 전 세계로 퍼져 실물경제에 악영향을 주면서 전 세계 대부분 나라에서 경제성장률이 마이너스로 떨어졌다.

2008년 정부는 금융위기 발생 직후 미국과 300억 달러 통화스와프를 체결하고 일본, 중국과도 같은 규모로 통화스와프를 체결하여 단기 자금경색을 모면하였고, 적극적인 재정정책을 펼쳐서 2009년 하반기에는 경제가 차츰 회복 국면으로 전환되었다.

용산 참사

2007년 10월 용산 4구역 재개발조합은 용역업체와 2008년 6월까지 철거를 완료한다는 계약을 체결하였다. 그러나 현실적인 보상비와 이주 대책 마련을 요구하며 철거를 반대하는 상가 및 주택 세입자들이 남아 철거 일자가 계속 지연되었다. 2009년 1월 19일 새벽 철거민들이 강제 철거를 막으려고 건물 옥상을 점거하자 경찰 특공대와 기동대원 300여 명이 진압에 나섰다. 진압 과정에서 불이 났으며, 이 화재로 철거민 5명과 경찰 특공대원 1명이 사망하고 23명이 부상당하는 참사가 일어났다.

사태 발생의 근본 원인은 서울시의 무분별한 재개발 사업과 비현실적인 보상비 등이며, 겨울에 강제 철거를 시도하고 무리한 진압을 한 것이 참사로 이어졌다. 경제적 성과만 강조하고 민의 수렴과 서민 생존권을 도외시한 정권에도 책임이 있다고 할 수 있다. 이후 2월 1일부터 정권의 책임을 묻는 시민들의 시위가 일어났다.

자원외교

이명박은 취임사에서 자원과 에너지 확보에 힘쓰겠다고 밝히면서 자원외교를 추진하였다. 특히 친형인 이상득 의원이 남미 지역을 직접 방문하며 진두지휘하였다. 목표는 원유와 가스 자주개발률을 9%에서 10년 후 30%까지 높인다는 것이었으나, 결과는 자주개발률이 1.8% 상승하는 데 그쳤다.

이 때문에 막대한 경제적 손실과 공기업 부채 증가가 초래되었는데, 3대 자원공기업(석유공사, 가스공사, 광물자원공사)이 13조 9000억 원의 손해를 본 것으로 추산된다. 2015년 감사원 감사 결과 정권의 무리한 요구로 묻지마 투자가 공기업 간에 경쟁적으로 이루어져서 손해가 커진 것으로 나타났다.

천안함 침몰과 연평도 포격 사건

2010년 3월 26일 백령도 근처에서 해군 초계함 천안함이 침몰했다. 40명이 사망하고 6명이 실종되었다. 또 실종자 수색을 마치고 복귀하던 어선이 화물선과의 충돌로 침몰해 2명이 사망하고 7명이 실종되었다. 천안함 사건과 관련하여 총 56명이 사망 또는 실종되었다. 한국, 미국, 호주, 영국, 스웨덴 5개국 24명의 전문가로 구성된 합동조사단은 북한의 버블제트 어뢰 공격을 받고 천안함이 침몰한 것으로 결론지었지만, 북한은 '날조극'이라고 주장하면서 개입을 부인하였다.

2010년 11월 23일 연평도 포격 사건이 일어났다. 북한은 당시 한미의 육해공 연합 호국훈련에 민감한 반응을 보이며 훈련 중단을 요구하였는데, 훈련 중 해병대가 쏜 일부 포탄이 NLL을 넘어가자 대연평도를 향해 포격을 가했다. 이 포격으로 해병대원 2명이 사망하고 16명이 부상당했으며, 민간인 2명이 사망하고 3명이 부상당했다. 남한도 대응 포격으로 80여 발을 발사하여 북한 측에 상당한 피해를 입혔다.

이 사건들로 남북 간 대립 분위기는 더욱 격화되었다.

세종시 수정안 부결

2009년 1월 정부는 중앙행정기관 이전을 백지화하는 대신 기업과 대학교를 유치하고 자족 기능을 강화하는 세종시 수정안을 공식화하였다. 세종시를 '행정 중심 복합도시'에서 '교육·과학 중심 경제 도시'로 탈바꿈하는 내용이었다. 이 수정안은 2010년 6월 국회 본회의에서 찬성 105표, 반대 164표로 부결되었다. 야당뿐 아니라 여당인 한나라당 국회의원 50명도 반대표를 던졌다. 특히 박근혜는 "약속을 반드시 지켜야 한다"며 반대를 하였다. 이로써 여당 내 친이계와 친박계의 갈등이 더욱 심화되고, 이명박의 지도력은 당내에서도 타격을 받았다.

세종시는 원안대로 개발되었다. 중앙행정기관 이전은 계획대로 추진되어 2012년 7월 1일 세종특별자치시가 출범하였다.

보궐선거 참패와 제19대 총선 승리

2011년에 치러진 광역지방자치단체장 보궐선거에서 서울시장으로 민주당 지원을 받은 무소속 박원순 후보가 당선하고 강원도지사 선거에서도 민주당이 승리하였다. 정권 출범 2년 후인 2010년부터 정권심판론이 불거졌으며, 국민 사이에 반MB 정서가 만연하였다.

2012년 4월 제19대 국회의원 총선거를 앞두고 이명박 정권의 지지율은 바닥 수준이었다. 하지만 박근혜 비상대책위원장이 총선을 주도하며 새누리당이 152석을 획득, 과반 의석을 차지하였다. 이로써 이명박의 레임덕은 가속되었고 여당은 박근혜 중심으로 움직였다.

다스 사건과 BBK 사건

이명박은 재임 전후로 줄곧 다스와 BBK 사건 의혹이 따라다녔다.

다스는 형 이상은 명의로 설립된 자동차 부품 업체지만, 이명박이 실소유주이며 그가 이 회사를 통해 불법 자금을 조성하고 횡령했다는 의심이 취임 이전부터 계속 제기되었다. 대통령 퇴임 후 검찰 수사를 통해 이 전 대통령이 실소유주임이 확인되었고, 다스를 통해 300억 원대 비자금을 조성하였으며, 삼성이 다스 미국 소송비를 대납하여 사실상 뇌물을 제공했다는 사실이 밝혀졌다. 이로 인해 이명박은 뇌물수수 및 횡령 등의 혐의로 2020년 10월 징역 17년 형이 확정되었다.

BBK 사건은 투자자문회사 BBK가 옵셔널벤처스 사의 주가를 조작하고 불법으로 유상증자하여 400억 원에 가까운 자금을 횡령한 사건이다. 이로 인해 약 5200명의 소액투자자가 피해를 입었다. 대통령 선거 당시 김경준 전 BBK 대표는 이명박이 BBK 실소유주라고 주장하였으나, 2007년 검찰은 BBK 주가조작 및 실소유주 의혹에 대해 이명박에게 무혐의 처분을 내렸다.

3. 주요 업적과 평가

경제·사회 분야

임기 중 연평균 경제성장률이 처음으로 3% 아래로 추락하여 본격적인 저성장 시대로 돌입하였다. 미국발 세계 금융위기로 인하여 2009년에는 1인당 GDP가 2만 달러 아래로 내려가기도 했다. 2009년 하반기에는 경제가 차츰 회복 국면에 드는 듯했으나 2011년부터 다시 경기침체가 시작되었다. 특히 실질임금이 떨어지고 실업률이 올라갔다.

전 정권의 경제 실패와 국정 혼란 덕에 압도적인 지지로 당선했으나, 국정운영에 대한 준비 부족과 지도자의 경험 부족으로 1970~1980년대 수준의 성장 위주 구호만 제시하고 정책은 오락가락하였다. 대통령 선거 때 제시한 연 7% 성장, 1인당 GDP 4만 달러, 세계 7위 경제대국 달성이라는 747공약은 세계경제 상황을 볼 때 달성 가능성이 전혀 없는 허상에 불과하였다. 특히 복지 부문에서 사회적 약자에 대한 지원 정책이 크게 후퇴하였다. 장애아동 무상보육 지원금, 보육시설 확충 비용, 장애인 차량 지원금, 기초수급 생활자 의료비 지원금, 영유아 예방접종 예산, 방학 중 결식아동 예산, 노인요양시설 확충 비용 등이 전액 혹은 일부 삭감되면서 양극화 사회의 문제점을 심화시켰다. 2010년 10월에 동반성장위원회를 설립하여 성장 중심에서 양극화 해소로 정책 방향을 선회하면서 복지를 신경 쓰는 모습이 나타났으나 성과는 미흡하였다.

국민의 반대로 한반도 대운하 사업은 포기했지만, 비슷한 방향의 4대강 사업을 추진해 논란이 이어졌다. 당시에도 환경파괴와 경제성에 대한 우려가 컸고, 현재에도 사업 효과와 영향에 대한 평가가 엇갈리고 있다. 또한 건설 과정에서 11개 대형 건설사가 단합한 혐의가 적발되었으며, 공무원들의 뇌물수수와 부실 공사 정황 등이 일부 밝혀졌다.

종합하면 건설사업 위주의 양적인 경제성장만을 추진하다 실패하고 사회 갈등을 증폭시켰다. 경제성장은 자신 있다고 강조했지만, 성장도 못하고 양극화만 심화되었다.

정치·외교·안보 분야

자원외교를 통해 해외 자원을 확보하겠다며 중동, 중앙아시아, 중남미 국가들과 의욕적으로 사업을 추진하였으나, 실적 압박을 느낀 공기업들이 충분한 검토와 조사 없이 경제적 타당성을 무시하고 급하게 추진하면서 국가경제에 큰 악영향을 끼쳤다. 카메룬(다이아몬드 광산)과 미얀마(가스전 사업) 등에서 권력형 비리 의혹이 제기되기도 하였다. 감사원 발표에 따르면 양해각서(MOU) 20건 중 9건 실패, 10건은 결과를 알 수 없음, 채광 가능성 1건이라는 처참한 결과가 나왔다.

전 정권의 햇볕정책을 포기하고 강경한 대북정책으로 북한을 압박하면서 남북관계는 점차 경색되었다. 북한이 핵무기를 포기하고 개방하면 1인당 국민소득 3000달러 사회가 되도록 지원하겠다는 비핵개방3000을 제시하였으나 북한은 내정간섭이라고 반발하였다. 관광객 피격 사건으로 금강산 관광과 개성공단 사업이 중단되었고, 천안함 침몰 사건과 연평도 포격 사건이 발생하여 과거 진보 정권이 마련한 대북 화해와 협력은 단절되었다. 국내 정치에서는 친박계와 친이계의 당내 갈등이 화해 불가능할 정도로 심화되었고 양측의 대립이 다음 정권까지 지속되었다.

종합하면 정권 초부터 대규모 촛불시위가 벌어지며 정부 정책에 대한 불신이 커지고 용산 참사 등이 이어지며 정권 중반부터 레임덕이 나타나기 시작하였다. 대북 강경정책을 둘러싼 보수와 진보의 갈등은 국민 사이에서도 더욱 격화되었고, 뉴라이트를 표방한 보수 시민단체들이 목소리를 키우면서 진영 간 이념논쟁이 격화되었다. 친일파 문제, 식민지근대화론, 건국절 등이 논란을 불러일으키며 국론 분열이 가속화되었다.

4. 정치적 자질 평가

○ **시대정신:** 국민 화합, 양극화 해소와 일자리 창출, 질적인 경제성장이 시대정신이라고 볼 수 있다. 기본적으로 국가 지도자로서 시

대정신이나 역사 인식에 대한 이해가 부족하며, 개인의 권력 욕구만 강했던 것으로 보인다. 양적인 측면에서의 경제성장만이 최고라는 1970~1980년대 수준의 사고방식을 보였다. 기업인 출신으로서 정치 철학이 없고 국가 운영의 특성을 이해하지 못하였으며, 또한 시대의 변화 흐름도 제대로 파악하지 못하고 오로지 성장과 이익만을 중요시하였다.

○ **국정비전:** 선거에서 747공약을 제시하였으나 산술적인 계산만으로도 달성 가능성이 없었으며, 이를 달성하기 위한 구체적인 방법론은 더욱 없었다. 건설회사 회장 출신으로서 한반도 대운하 건설, 4대강 사업, 자원외교 등 건설과 관련한 정책에 집착할 뿐 거시적인 국가경제에 대한 이해는 부족하였다. 경제뿐 아니라 다른 사회정책 부문에서도 정책 방향과 방법론이 제대로 제시되거나 진행된 것이 적은 것을 볼 때, 국정운영에 대한 이해가 부족했다고 평가할 수 있다.

○ **도덕성:** 자원외교를 추진하면서 본인과 형의 권력남용과 비리 의혹이 제기되었고, 대통령 선거 전부터 제기된 뇌물수수와 횡령 등에 대한 의혹이 나중에 사실로 판명되어 퇴임 후에 구속되었다. 인권 탄압은 특별히 없었으나, 지도자로서 사회적 약자나 소외계층에 대한 관심이 적었다. 이 부문에서는 21세기 지도자로서 매우 부

족했다고 평가할 수 있다.

5. 리더십 역량 평가

○ **인지 영역:** 거시적이고 종합적인 사고력은 높지 않지만 개별 사건에 대한 이해력은 충분한 것으로 보인다. 기본적으로 비즈니스 마인드가 강한 반면, 정무적 감각과 외교·안보에 대한 이해도는 미흡한 것으로 보인다.

> **-통찰력(2.5):** 과거 기업 경영에서는 과업의 핵심을 파악하는 역량이 어느 정도 발휘되었으나, 이해관계가 복잡한 정치·사회 사안에서는 핵심을 제대로 파악하지 못하고 단기적인 결과에 집착했다.
>
> **-변화혁신(2.0):** 과거 양적 경제성장 시대 수준의 사고방식에 머물러 있었으며, 국제정세나 국민의 변화에 대한 이해가 낮고 관련 정책도 거의 시행하지 않았다. 정책 추진도 자신이 잘 아는 건설업과 관련한 분야에 집중되어 있다.
>
> **-의사결정(3.0):** 집권 중반 이후에는 정책 실패를 인정하고 동반성장위원회를 구성하여 정책 방향을 전

환하는 등 상황 변화에 맞춰 과감하고 신속하게 의사를 결정했다. 단 용산 참사나 남북관계에서 드러나듯이 정무적 감각을 요구하는 분야에서는 깊이 있는 분석이나 합리적인 계산이 다소 부족한 것으로 보인다.

-국제외교감각(2.5): 국제 금융위기 상황에서 통화스와프라는 해법을 찾아서 신속하게 처리한 것은 양호하게 볼 수 있다. 이후에도 오바마와 일부 중동의 지도자들과 원만한 관계 유지에 노력한 면은 있으나 개인적 관계 강화에 그쳤고, 외교·안보의 속성이나 국익 차원에서 국가 간 협력 등에 대한 이해도는 미흡한 것으로 보인다.

○ **업무 영역:** 문제의 핵심이나 원인을 깊이 있게 분석하지 않고 오로지 목표 달성을 위하여 수단 방법을 가리지 않고 해결 방법을 찾아서 실행하는 면이 강하다. 열정적으로 어려움을 극복하며 도전하는 개인적 능력은 보이나, 합리적으로 조직을 관리하고 운영하는 능력은 잘 발휘하지 못한다.

-문제해결(2.5): 4대강 사업과 같이 여러 이해관계와 문제가 얽힌 사안에서도 핵심을 제대로 파악하지 않고 성과 창출을 위하여 단기적 밀어붙이기로 단순하

게 일관한다. 미국산 소고기 파동에서도 문제의 핵심이나 국민의 요구를 정확히 이해하지 못하고 강경하게 대응하여 집권 초부터 어려움을 겪었다.

-추진력(4.0): 강력한 추진력으로 현대건설을 크게 성장시킨 것은 잘 알려진 사실이다. 기업인 출신으로 정치권에 세력이 작았음에도 불구하고 2002년 서울시장에 출마하여 당선하였다. 성공 가능성이 높지 않더라도 자신의 목표가 정해지면 신속하고 과감하게 추진하는 성향이 매우 강하다.

-조직관리(2.0): 목표 달성을 위하여 자신에게 필요하고 이익이 되는 사람만을 챙기는 성향이 강하다. 부하나 주변 사람들과 이념이나 신뢰로 이어지기보다는 주로 이익 관계로 관리한다. 대통령에 당선한 이후에 많은 사람들이 스스로 그의 곁을 떠났다.

○ **관계감성 영역:** 기본적으로 자신의 이익만을 중심으로 생각하고 관계를 맺는 경향이 강하고 신뢰에 기반한 원만한 인간관계에 관심이 적은 것으로 보인다. 그를 따르던 세력들은 정치적 노선 차이가 아니라 정치적, 경제적 이해관계에 따라 분열되었다.

-공감소통(2.0): 업무와 관련하여 참모들의 의견은

수렴하고 토론하였지만, 일반 국민의 의견에는 관심을 잘 보이지 않아서 재임 기간 내내 불통한다는 말이 따라다녔다. 사회적 약자나 소외계층에 대한 관심도 거의 없는 것으로 보인다.

-자기확신(3.5): 기업에서의 성공 경험을 바탕으로 자신이 모든 일을 잘할 수 있다는 자신감이 충만하다. 자신의 성공 경험을 너무 과신했으며, 한반도 대운하 사업과 자원외교에서 보듯이 이런 근거 없는 자신감이 오히려 대통령직에서는 실패의 원인이 되었다.

-관계관리(2.5): 자신의 이익을 중심으로 주변 사람이나 외국 정상들과 관계 유지를 하고 이를 활용하는 면은 양호하게 나타난다. 하지만 시민단체나 정치적 반대편과는 협력관계를 거부하고 대화나 만남도 하지 않는 면이 있다.

6. 총평

첫 기업인 출신 대통령으로 기본적으로 정치인들을 불신하였으며, 정치 철학이 부재하고 국가 지도자로서 국민과 역사에 대한 사명감과 공명심이 없었다. 근거 없고 허황된 747공약과 한반도 대운하 건설을 제시하고 국민 의견을 도외시하며 정책을 집행하여 집권 초부터 국민 저항에 부딪히는 어려움을 겪었다. 자신의 성공 경험을 과신하였고, 전 정권의 경제 실패와 개혁 실패에 대한 반작용으로 당선한 것을 자신의 역량이라고 착각하였다. 저출산 저성장 시대로 돌입한 상황에서도 1970~1980년대 양적 성장 위주의 사고방식에 머문 한계가 보인다. 자신의 이익과 목적을 위해 불법도 서슴지 않았으며, 결국 뇌물수수와 횡령으로 퇴임 후 구속되는 상황을 맞았다. 대통령 선거 당시에 선대위 기획본부장을 맡은 정두언 의원은 나중에 "이명박은 정권을 잡은 것이 아니라 이권을 잡았다"라는 말을 남겼다.

권력 지향적이고 성취 지향적이며, 자기확신이 매우 강하고 자신의 능력을 과신한다. 기업 회장과 서울시장 시절의 성공 경험이 대통령이 된 이후에는 독으로 작용하였다. 경영 리더십과 정치 리더십의 차이, 기업경영과 국정운영의 차이를 제대로 이해하지 못한 탓에 높은 자기확신과 추진력이 부정적으로 발휘되었다. 현대건설에서의 성공 신화에 대해서도 본인의 역량이 탁월했다는 평가와 정주영 회장 덕분이었다는 평가가 갈린다. 분명한 것은 이명박은 경제 전문가가 아니고 건설업 전문가라는 사실이다.

대통령으로서 업적 중에서 공은 2008년 세계 금융위기 극복을 들 수 있는데, 이는 이명박 개인의 역량에 기인한 것으로 볼 수 있다. 과는 1) 본인과 친인척 비리와 직권남용, 2) 자원외교 등 대형 국책사업의 실패와 비리 의혹인데, 두 가지 모두 개인의 역량과 자질에 기인한 것으로 보는 것이 타당하다.

박

근

혜

2013~2017

1. 생애(1952~)

박근혜는 1952년 대구에서 박정희와 육영수 사이 1남 2녀 중 장녀로 태어났다. 어린 시절을 청와대에서 보낸 박근혜는 성심여자고등학교를 졸업하고 1970년 서강대학교 전자공학과에 입학하였다. 1974년 대학을 졸업하고 프랑스 유학을 떠나 그르노블대학교 어학과정을 연수하던 도중 어머니의 사망 소식을 듣고 귀국하였다. 이후 어머니를 대신하여 퍼스트레이디 역할을 하던 그는, 1979년 아버지 박정희의 사망과 함께 청와대를 떠나 신사동 사저로 돌아갔다. 1982년 어머니 육영수가 설립한 육영재단 이사장을 맡았고, 이어서 영남대학교 이사장을 맡았다. 이후 동생 박근령과 육영재단 경영권 다툼을 벌인 끝에 1990년 이사장직에서 물러나고 1995년 정수장학회 이사장에 취임하였다.

1997년 12월 제15대 대통령 선거가 한창이던 와중에 사촌 오빠 박재홍의 소개로 한나라당 이회창 후보를 만나 지지를 선언하며 한나라당에 입당하였다. 1998년 대구 달성군 보궐선거에 출마하여 국회의원에 당선하였다. 이어 2000년 선거에서 재선하였고 한나라당 부총재에 선출되었다. 2004년 3월 국회의원 총선거를 한 달여 앞두고, 지난 대통령 선거 때의 차떼기 불법 정치자금 수수와 노무현 탄핵 역풍으로 한나라당 지지율이 곤두박질치고 당대표가 사퇴하는 상황에서 임시 당대표로 선출되었다. 박근혜는 소위 천막당사를 차리고 국민에게 사죄하는 자세로 선거를 진두지휘하여 제17대 국회의원 총선거에서 당에 121석을 안기며 차기 대권 후보로 부상하였다. 2006년 지자체 선거에서도 당의 압승을 주도하며 '선거의 여왕'이라는 별명을 얻었다. 그러나 제17대 대통령 선거 후보 경선에서 이명박에게 근소한 차로 패배하였고 경선 과정에서 그를 지지하던 친박계는 2008년 국회의원 총선거에서 대부분 공천 탈락하였다.

2011년 한나라당 비상대책위원장을 맡은 후 이듬해 당명이 새누리당으로 바뀐다. 이명박 정권의 지지율이 바닥 수준임에도 불구하고 2012년 제18대 국회의원 총선거에서 152석으로 과반을 차지하는 승리를 거두었다. 박근혜는 그해 8월 치러진 대통령 후보 경선에서 84%를 득표해 새누리당 대선 후보가 되어 대통령에 당선하였다.

2017년 3월 대통령직에서 탄핵당하고 이후에 뇌물수수, 직권남용, 공무상 비밀누설 등 혐의로 구속 수감되었다. 대법원에서 최종적으로 징역 22년에 벌금 180억 원을 선고받았다. 2021년 12월 31일에 특별 사면되었다.

2. 주요 정책과 사건

제18대 대통령 당선

2012년 12월 제18대 대통령 선거에서 박근혜 새누리당 후보가 51.55%를 득표하여 48%를 획득한 민주통합당 문재인 후보를 약 108만 표 차로 누르고 당선하였다. 대한민국 최초의 여성 대통령이며, 51.55%는 1987년 직선제 개헌 이후 최고 득표율이다.

국정원 댓글 사건

2013년 6월 원세훈 국정원장은 국정원 심리정보국을 활용한 온라인 여론 조작 혐의로 구속되었다. 원장의 지시로 국정원 직원들이 트위터, 블로그, 포털 사이트 등에서 박근혜를 지지하고 야당 후보를 비방하는 활동을 조직적으로 진행하였다. 또한 국군사이버사령부 530심리전단도 2012년 대통령 선거 당시 인터넷과 SNS에서 여론을 조작한 사실이 드러났다. 이 사건으로 김관진 당시 국방부 장관이 2017년 구속되었으나 이후에 보석으로 석방되었다.

세월호 참사

2014년 4월 16일 오전 8시 50분, 전남 진도군 앞바다에서 세월호가 균형을 잃고 기울기 시작하여 10시 30분 완전히 침몰하였다. 5명의 실종자 포함 304명이 사망에 이른 참사였다. 사고 원인은 과적, 부실한 화물 결박, 급격한 변침 등이 복합적으로 작용한 것으로 발표되었다.

무엇보다도 정부 대응이 문제가 되었다. 첫째, 해경의 초기 대응이 부실하였다. 해경은 필요한 구조 활동을 펼치지 못했고 잘못된 정보를 전달하였다. 둘째, 재난관리가 부실하였다. 컨트롤타워 기능이 제대로 작동하지 못하고 우왕좌왕하여 사망자가 증가하였다. 셋째, 정보를 은폐하고 왜곡하였으며 진상규명을 방해하였다. 박근혜의 사건 당일 행적도 논란이 되었는데, 나중에 사고 보고를 받고도 침실에만 있었고 국가안보실장의 전화도 두 번 받지 않은 것으로 드러났다.

정부의 부실한 초기 대응과 구조 실패, 이후 계속되는 은폐 시도로 정부 신뢰도가 하락하였고, 이는 탄핵의 한 요인으로도 작용하였다.

메르스 사태

2015년에 중동호흡기증후군(MERS) 바이러스가 국내에 확산하면서 큰 혼란을 겪었다. 초기 방역 실패로 정부에 대한 불신이 증대되었으며, 메르스가 종식되기까지 확진자 186명, 사망자 38명, 격리 대상자 약 1만 6000명이 발생하였다. 병원 폐쇄와 방역 조치로 인한 경제적 피해도 컸다.

이를 계기로 질병관리본부의 권한이 강화되고 감염병 대응 매뉴얼이 개선되었는데, 덕분에 코로나 사태 발생 초기에 신속하게 대응할 수 있었다.

중국 전승절 열병식 참석과 사드 배치

한중협력을 강조한 박근혜는 2015년 9월 3일 베이징에서 열린 중국 전승절 행사에 참석하여 시진핑, 푸틴 등과 함께 천안문 성루에서 열병식을 참관하였다. 중국 측에서는 박근혜의 참석을 상당히 긍정적으로 평가했다. 그러나 전승절 행사는 반미·반일 성격이 강한 행사이기 때문에 서방 국가 정상들은 모두 불참했으며, 미국과 일본은 박근혜의 참석에 불편한 기색을 드러냈다.

박근혜의 전승절 열병식 참석은 균형외교 행보라는 평가도 받았지만, 2016년 고고도미사일방어체계(THAAD, 사드) 배치 결정 이후 중국과 관계는 급속히 악화되었다. 중국은 한한령, 관광 제한 등 경제보복을 가하였다.

국정교과서 논란

2013년부터 기존의 한국사 교과서들이 좌편향돼 있다며 '올바른 역사 교과서'를 만들어야 한다는 주장을 뉴라이트 성향 학자와 시민단체에서 제기하였다. 보수 정치권도 이에 호응하고 지원하였지만 뉴라이트 역사관을 담은 교과서는 역사 왜곡과 오류가 있어서 채택하는 학교가 드물었다. 2015년 10월 교육부는 중·고교 한국사

교과서 국정화를 추진한다고 발표하였다. 역사학계와 시민단체에서는 "구시대적이고 획일적인 역사교육", "국민을 분열시키는 편 가르기의 상징"이라는 비판을 하며 강력하게 반발하였다.

결국 국정교과서는 역사 해석의 다양성을 제한하고 획일적 역사관을 강요한다는 비판을 받으며 정권교체와 함께 폐지되었다. 이 사건은 정치적으로 박근혜 정권을 지지했던 일부 중도층이 이탈하는 계기가 되었다.

한일 위안부 피해자 문제 합의

2014년 4월부터 2015년 12월까지 한국과 일본은 위안부 피해자 문제와 관련하여 12차례에 국장급 회의와 8차례 고위급 협의를 진행하여 2015년 12월 23일 최종 합의가 이루어졌다. 주요 내용은 위안부 문제에 대한 "일본 정부의 책임을 통감"하여 일본 정부 예산으로 피해자 지원을 위하여 10억 엔을 출연하고 한국 정부가 위안부 피해자 지원을 위한 재단을 설립한다는 것이었다. 양국은 이 문제가 "최종적이며 불가역적으로 해결될 것"임을 확인하고 향후 국제 사회에서 비난하는 것을 자제하기로 합의하였다.

이후에 협상 과정에서 피해자들의 의견이 반영되지 않고 일본 정부 차원의 사과가 없다는 이유 등으로 국내에서 합의 재검토를 요구하는 야당과 시민단체의 반발이 있었다.

한중FTA, 한베트남FTA

2014년 11월 한중FTA와 한베트남FTA가 타결되고 국회 비준을 거쳐 2015년 12월 발효되었다.

한중FTA의 주요 내용은 20년 이내에 전체 품목의 90% 이상에 대해 관세를 철폐하는 것이다. 발효 이후 양국 간 무역량 추가 상승은 크지 않았고, 한국의 대중국 수출보다는 수입 증가에 더 큰 영향을 끼친 것으로 분석되었다.

경제 교류가 늘고 있는 베트남과도 FTA를 체결하였다. 한베트남FTA로 한국은 94.7%, 베트남은 92.4%의 관세가 철폐되었다. 발효 후 5년간 대베트남 교역이 연평균 16.5% 증가하였고 베트남 수입시장에서 한국의 점유율은 18.5%로 상승하였다.

개성공단 완전 철수

2016년 북한이 1월 6일 4차 핵실험과 2월 7일 장거리미사일 발사를 단행하자 정부는 2월 10일 개성공단 가동을 전면 중단할 것이라고 발표하였다. 이어 북한은 개성공단을 폐쇄한다고 선포하였고, 남한 기업들이 개성공단에서 완전히 철수하게 된다. 정부는 개성공단 임금이 북한의 핵과 미사일 개발에 사용된다고 주장하였으나 구체적 근거를 제시하지는 못했다. 이 과정에서 정부의 결정이 적법한 절차를 거치지 않았다는 비판이 제기되었고, 큰 피해를 본 개성공단 기업들과 정부 간 법적 공방이 이어졌다. 북한은 이후 개성공단을 군사통제구역으로 선포하고 남한 기업들의 자산을 전면 동결하였다.

한일군사정보보호협정 합의

2016년 11월 한국과 일본은 한일군사정보보호협정(GSOMIA, 지소미아)을 체결하였다. 주 내용은 양국이 2급 이하 군사기밀을 상호 교류하고 북한의 핵과 미사일에 대한 정보를 교환·공유하는 것이다. 이는 한일 양국이 최초로 맺은 군사협정이다.

미국은 지소미아를 적극 환영한 반면, 국내에서는 야당과 진보 성향 시민단체 등이 유사시 일본이 재무장하고 군대를 한반도에 보낼 수도 있다며 강력히 반발하였다.

제20대 국회의원 총선거 참패

20대 국회의원 총선거에서 새누리당이 참패하였다. 새누리당은 33.5% 득표율에 122석을, 더불어민주당은 25.5% 득표율에 123석을, 국민의당은 26.7% 득표율에 38석을 차지하였다. 계속된 국정 실패와 새누리당 내부의 계파 갈등이 참패의 원인이었다.

여권 참패와 야권의 승리로 16년 만에 여소야대가 형성되어 새누리당의 정책추진력이 약화되었다. 이 여소야대 구도는 이후 박근혜 탄핵소추안이 통과되는 데도 영향을 주었다.

최순실 국정농단과 대통령 탄핵

2016년 10월 24일 JTBC가 최순실 국정운영 개입 의혹을 보도하면서 최순실이 사용한 것으로 추정되는 태블릿PC에서 44개의 대통령 연설문을 발견했다고 폭로했다. 이로써 '최순실 게이트'로 불리는 최순실 국정농단 사건이 세상에 알려졌다.

10월 25일 박근혜는 1차 대국민 사과문을 발표하였고, 10월 26일 첫 촛불시위가 열렸다. 10월 29일 독일에 머물던 최순실이 귀국하여 11월 3일 구속되었고, 11월 20일 특별수사본부는 중간 수사 결과를 발표하면서 박근혜 대통령을 피의자로 입건하였다. 국회는 12월 9일 대통령 탄핵소추안을 234표의 찬성으로 가결하였다. 2017년 3월 10일 헌법재판소는 재판관 8명 전원일치로 대통령 파면을 결정하였다. 주요 탄핵 사유는 공무원 임면권 남용과 직업공무원 제도 침해, 최순실의 국정 개입 허용과 권한 남용, 대통령의 지위와 권한을 이용한 사익 추구 등이었다. 이로써 박근혜는 대한민국 헌정사상 최초로 탄핵으로 파면된 대통령이 되었다.

이어 3월 31일 박근혜는 뇌물수수 및 직권남용, 공무상 비밀누설, 강요죄, 공천개입 등의 혐의로 구속되었고, 2021년에 대법원에서 징역 총 22년에 벌금 180억 원, 추징금 35억 원을 선고받았다.

3. 주요 업적과 평가

경제·사회 분야

'창조경제'를 강조하며 창조와 혁신을 통해 새로운 일자리를 창출하겠다는 경제정책을 내세웠으나 체계적이고 구체적인 계획은 미흡하였다. 전국에 17개 창조경제 혁신센터를 신설, 엔젤투자 소득공제 확대, 벤처기업 M&A 법인세 및 증여세 감면, 청년창업펀드 조성 등으로 창업생태계를 조성하려고 했으나 실질적 성과는 나오지 않았고, 벤처기업 육성과 고용창출 효과도 기대에 미치지 못했다는 평가가 많다.

세월호 참사에 대한 무능하고 무책임한 대처가 임기 내내 정권의 발목을 잡았고 탄핵에도 영향을 주었다. 이후에 벌어진 메르스 사태에서도 정부의 무능한 대처는 다시 드러났다.

한국사 국정교과서 추진은 중·고등학생에게 획일적인 국가적 역사관을 주입하려는 시대착오적 시도로 비판받았다. 시대착오적 시도의 또 하나의 예는 문화계 블랙리스트 사건이다. 박근혜 정부가 야당 지지, 세월호 참사 관련 정부 비판, 시국선언 참여 등의 이유로 문화예술인 9473명과 46개 단체를 블랙리스트에 올려 정부 지원 사업에서 배제하는 등 다양한 방식으로 탄압하였다는 것이 이 사건의 내용이다. 이 리스트에는 고은 시인, 한강 작가, 영화계 봉준호, 박찬욱, 이준익 감독 등 한국의 문화예술계를 대표하는 세계적인 인사들이 대거 포함되었다. 문화계 블랙리스트 사건은 국정원 댓글 조작 사건과 함께 여론을 통제하고 탄압하는 독재정권을 떠올리게 했다.

종합하면 창조경제를 강조하였으나 개념도 모호하고 방법론도 구체적이지 않아서 실질적인 성과는 거의 없었으며, 사회·문화 수준을 1970년대 시절로 되돌려놓으려고 하였다.

정치·외교·안보 분야

국제정세 흐름과 외교의 속성을 전혀 이해하지 못하고 방향성 없는 외교를 지속하였다. 중국의 전승절 열병식에 참석하여 미국 및 일본과 불편한 관계를 형성하더니, 이후 미국의 요구에 따라 사드를 배치하고 일본과 지소미아를 합의하면서 중국과의 관계가 더욱 악화되었다. 장기적 전망 없이 수시로 흔들리는 외교를 하였다.

개성공단 철수는 후속 대응책 없이 졸속으로 이루어져 북한과의 대화 통로가 막혔고 국내 기업들에게도 큰 피해를 주었다.

최순실 국정농단은 박근혜의 무능력과 무책임을 단적으로 보여준 사건이다. 박근혜는 청와대 참모나 내각의 장관들과 국정을 협의하는 과정이 없었다. 내각의 장관은 청와대 수석에게 보고하고 청와대 수석은 박근혜 측근 비서관 3인방에게 서류를 전달하는 식으로 업무가 이루어졌다. 이 틈에서 박근혜와 오랫동안 알고 지내온 최순실이 국정에 깊이 개입하였다. 최순실은 각종 이권 사업을 벌여 53개 기업에서 774억 원을 받았고 여러 부처의 업무에 개입하여 사익을 취하였다.

종합하자면 21세기 지도자가 십상시에 둘러싸인 왕처럼 국정을 운영하였고 최초의 대통령 탄핵이라는 결과를 맞이하였다.

4. 정치적 자질 평가

○ **시대정신:** 국민 화합, 신성장 동력 확보와 양질의 일자리 창출이 시대정신이라고 할 수 있다. 박근혜는 기본적으로 국가 지도자로서 필요한 정치 철학과 역사 인식이 부재했고, 국민의 욕구를 제대로 파악하지 못하고 있었으며 그에 관심도 없었다. 시대 변화 흐름에 둔감하여 1979년 청와대를 나가던 시절의 수준에서 사고가 멈춘 것처럼 보인다. 시대정신 파악이 부족하고, 오히려 역사를 거슬러서 대한민국을 과거로 되돌려놓았다.

○ **국정비전:** "국민 행복, 희망의 새 시대"와 "창조경제"를 강조하였지만 막연하고 추상적인 구호만 내세우고 정책의 방향이나 방법론이 구체적으로 제시된 것은 없다. 행정부 관료들조차 무엇을 해야 할 것인가에 대한 이해가 없어 공직자들이 복지부동할 수밖에 없는 상황이 조성되었다.

○ **도덕성:** 최순실의 국정농단을 방관하고 협조하여 대통령직을 파면당하고 구속되었다. 기본적으로 국가 지도자로서 무능하고 국정운영과 국민 생활에 관심이 적었다. 대통령의 개인 비리에 대해서는 일부 이견이 있지만, 결과적으로 고의가 아니었더라도 국정농단의 공범이 되었다. 문화계 블랙리스트 작성은 일종의 인권 탄압으로 볼 수도 있어서 도덕성과 관련한 부분도 미흡하다고 볼 수 있다.

5. 리더십 역량 평가

○ **인지 영역:** 사고력 수준이 전반적으로 낮은 편이며 학습 능력도 부족하고 개인적으로 노력도 하지 않은 것으로 볼 수 있다. 거시적이고 종합적인 이해력과 분석력이 낮은 것으로 나타난다.

> **–통찰력(2.0):** '선거의 여왕'으로 불리며 선거 상황의 핵심을 파악하는 면이 단편적으로 나타났으나, 국정운영과 관련해서는 종합적인 사고력이 부족하고 핵심을 파악하지도 못하는 수준이다.
> **–변화혁신(1.5):** 21세기 국내외 정치, 경제, 사회의 변화 흐름을 전혀 파악하지 못할 뿐 아니라 국정교

과서 사건이나 문화계 블랙리스트 사건에서 보듯이
1970~1980년대 독재정권 수준의 사고방식으로 국
정을 처리하는 면이 자주 나타난다.

-의사결정(1.5): 전체 상황이나 문제의 핵심을 파악
하지 못하며, 내각이나 비서실 참모들과의 체계적인
협의 없이 일부 소수 측근들의 의견에 의존하여 결정
하는 일이 대부분이었다. 세월호 참사를 비롯하여 중
요 사안에 대한 자신의 의사결정이 결과에 어떤 영향
을 끼칠지를 제대로 판단하지 못한 것으로 보인다.

-국제외교감각(1.5): 주변 강대국들의 의중을 파악하
지 못하고 명확한 방향 없이 상반되는 정책과 행동들
이 나타났다. 중국 전승절 열병식 참석과 사드 배치에
서 보이듯이 중국과 미국·일본 사이에서 오락가락하
는 행보를 보이다가 얻은 것은 하나도 없이 양쪽에게
모두 비판을 받았다.

○ **업무 영역:** 기본적으로 과업 수행에 대한 열정이나 책임감이 미
흡하며 효과적인 계획을 수립하고 체계적으로 일을 추진하는 능력
이 매우 취약한 것으로 보인다.

-문제해결(1.5): 세월호 참사 처리 과정에서의 행동

을 보면 이 역량이 매우 부족하다. 이 외의 사안에서
도 문제 핵심과 원인을 제대로 파악하지 못하고 문제
해결에 적극적인 노력도 적극적으로 기울이지 않은
것으로 보인다.

-추진력(2.0): 당대표 시절에 어려운 상황에서 여러
선거를 승리로 이끌었지만, 대통령이 된 이후에는 주
도적인 행동이 거의 보이지 않았다. 이렇게 이중적인
모습이 나타나는 것은 이해력이 부족하여 국정 상황
을 제대로 파악하지 못했기 때문이다. 직접 나서는 것
을 싫어하고 배후에서 지시하고 조종하는 것을 선호
하는 성향으로 파악된다.

-조직관리(1.0): 다양한 사람들과 관계하고 조직을
관리하는 데 매우 소극적이다. 은둔형으로 모든 일을
극소수의 측근들과 협의하고 내각 및 비서실 참모들
과도 교류를 거의 하지 않았다. 대통령 선거 당시 참
모들과는 집권 후에 대부분 관계가 악화되어 교류를
끊었으며, 탄핵 이후에는 비서실 참모들과도 전혀 교
류하지 않는다.

○ **관계감성 영역:** 다양한 인간관계에 별 관심이 없고 혼자 지내는
것을 선호하고 나서는 것을 좋아하지 않는다. 또 사람에 대한 호불

호가 명확하며 이를 공개적으로 표현하는 일이 자주 있었다.

-**공감소통**(1.0): 부모 사망으로 인한 트라우마와 가족 불화 등으로 인해 사람들과 편하게 소통하고 교류하는 것을 꺼리는 것으로 보인다. 세월호 참사에서도 사망자와 유족에게 관심을 거의 보이지 않았으며, 적극적인 대응도 하지 않고 자신에게 책임이 없다는 것만을 강조하였다.

-**자기확신**(3.0): '공주병 신념'이라고 할 수 있다. 국정교과서 파동에서 보이듯이 일부 정치적 사안에 대하여 왜곡되었지만 나름의 확실한 소신과 신념을 갖고 있으며, 특정 사안에 집요하게 집착하는 면이 자주 나타난다. 이 역량과 관련된 인내심과 참을성이 매우 강한 것으로 보인다.

-**관계관리**(1.0): 다양한 인간관계를 제대로 형성하지 못하고 기본적으로 관심이 없는 것으로 보인다. 정치적인 관계에서 자신의 반대편뿐 아니라 자기편과도 원활한 관계를 유지하지 못하는 경우가 자주 나타난다.

6. 총평

언론에서 언급한 '수첩 공주'라는 별명이 박근혜의 모든 것을 보여 준다고 할 수 있다. 사전에 수첩에 메모한 것만 이해하고 실행하였으며 그 외의 사안에 대하여는 이해를 제대로 못 하고 대응 방안이나 세부 계획도 없었다. 1970년대 사고 수준을 갖고 소수 측근을 중심으로 21세기 국정을 운영하여 정부가 총체적으로 난국에 빠졌다. 지도자로서 역량뿐 아니라 책임 의식이 부족하고 국가 발전이나 국민 행복을 위해서도 조금밖에 노력하지 않았다. 국내외 정책과 관련해서는 일관되고 체계적인 운영이 미흡하였고, 아버지의 업적에 집착하고 과거로 회귀한 면이 많았다. 출근하지 않고 관저에서 업무를 보면서도 이것이 문제가 되지 않는다고 생각하는 등 지도자로서 공인의식과 책임감이 부족한 것으로 보인다.

매우 내성적이고 은둔형이지만 권위주의적이어서 원활한 인간관계에 어려움을 보인다. 사람에 대한 호불호도 심하다. 중대한 위기 상황이 발생하면 책임을 회피하고 변명하는 타입이다. 가장 큰 문제는 대통령으로서 기본 자질과 역량이 부족하여 자신이 무엇을 잘못했는지를 제대로 인식하지 못하는 것이다. 자기성찰과 책임감이 부족하여 국정농단 사건이 발생하였다고 할 수 있다.

대통령으로서 업적 중에서 공은 거의 없다고 볼 수 있지만, 굳이 찾는다면 창조경제를 외치면서 벤처 창업생태계 규제 완화에 노력한 정도이다.

과는 1) 국민과 국정에 대한 방관과 책임감 부재, 2) 극소수 측근의 국정농단 묵인과 협조, 3) 세월호 참사 조사 방해 등인데, 세 가지 모두 박근혜 개인의 역량과 자질이 부족한 데 전적으로 책임이 있다고 볼 수 있다.

문

재

인

2017~2022

1. 생애(1953~)

문재인은 1953년 1월 경상남도 거제군에서 문용형과 강한옥의 2남 3녀 중 장남으로 태어났다. 아버지 문용형은 1950년 12월 흥남 철수작전 때 아내와 딸을 데리고 남쪽으로 내려와서 거제도에 정착하였다가 문재인이 국민학교에 들어갈 무렵 부산으로 이사하였다. 문재인은 경남고등학교를 졸업하고 1972년 경희대에 입학하였다. 유신체제가 한창이던 1975년 총학생회장 대행을 맡아서 시위를 주도하다 체포되고 학교에서도 제적되었다. 이후 법원에서 징역 2년에 집행유예 10개월을 선고받고 풀려난 후 강제징집을 당해 군에 입대하여 제1공수여단에서 복무하였다. 1978년 전역하고 사법시험을 준비하여 1차 시험에 합격하였으며, 1980년 복학하여 당시 신군부의 군사독재 연장에 반대하는 시위에 참석하면서 사법고시 2차 시험에 응시했다. 1980년 5월 17일 비상계엄을 전국으로 확대하면서 민주화운동 전력이 있는 인사들을 체포하였는데, 이때 문재인도 구속되어 군사재판에 넘겨질 처지에 놓였다. 유치장에서 사법고시 2차 합격 소식을 들었고, 경희대 총장과 교수들이 적극 나선 덕분에 석방될 수 있었다. 이후에 사법연수원을 차석으로 수료하였고, 판사를 희망하였지만 시위 전력으로 임용되지 못하였다. 대형 로펌의 영입 제안을 거절하고 변호사를 하기 위해 부산으로 낙향하였는데, 이곳에서 노무현을 만난다.

노무현과 동업하면서 정치적으로 매우 민감한 시국사건을 주로 맡게 되었고, 이로 인해 부산에서 대표적인 인권변호사로 성장한다. 1988년 함께 일하던 노무현과 김광일이 국회의원에 당선하여 서울로 올라간 뒤 혼자서 변호사 일을 이어갔다. 2002년 대통령 선거에서 노무현 후보를 도와서 부산 지역 선거대책본부장을 맡았다. 노무현이 대통령에 당선하자 민정수석에 발탁되었고, 일 년 정도 근무한 이후 사직하고 히말라야 트레킹에 나섰다. 그곳에서 노무현의 탄핵 소식을 접하고 귀국하여 대통령 측 변호인단을 꾸리고 탄핵 심판에서 탄핵 기각을 이끌어냈다. 이후 노무현의 부탁으로 시민사회수석과 민정수석을 맡았다가 사임하고 일 년 후에 비서실장으로 복귀하였다.

　　2008년 노무현 퇴임과 함께 야인으로 돌아온 문재인은, 2009년 노무현 사망을 계기로 본격적인 정치 행보를 걷는다. 2012년 4월 제19대 국회의원 총선거에 부산 사상구에서 출마하여 당선하고, 12월 제18대 대통령 선거에 민주통합당 후보로 출마했으나 새누리당 박근혜 후보에게 100만여 표 차로 패배하였다. 이후 박근혜의 탄핵 이후 열린 2017년 5월 조기 대통령 선거에서 더불어민주당 후보로 출마하여 당선하였다.

2. 주요 정책과 사건

제19대 대통령 당선

2017년 5월 제19대 대통령 선거에서 더불어민주당 문재인 후보가 41.1%의 표를 얻어 24%를 얻은 새누리당 홍준표 후보와 21.4%를 얻은 국민의당 안철수 후보를 누르고 당선하였다. 10년 만에 보수에서 진보로 정권이 바뀌었다.

박근혜, 이명박 구속과 사면

2017년 3월 10일 탄핵이 인용되고 20여 일 지난 3월 31일, 박근혜는 뇌물수수, 직권남용, 강요, 공무상 비밀누설 등 총 18개 혐의로 구속되었다. 재판에서 징역 20년, 벌금 180억 원, 추징금 35억이 확정되었고, 이후에 추가로 국정원 특활비 수수 사건과 공천개입 사건이 병합되어 징역 22년이 확정되었다. 2021년 12월 문재인 정부가 신병 치료 및 국민통합 차원에서 특별 사면하여 4년 9개월 만에 석방되었다.

2018년 3월 이명박은 다스 실소유주 논란, 횡령 및 뇌물수수 혐의로 구속되었다. 재판에서 징역 17년, 벌금 130억 원, 추징금 약 58억 원이 확정되었고, 2022년 12월 윤석열 정부에서 특별 사면으로 석방되었다.

탈원전 정책

2017년 6월 고리원전 1호기 영구 정지 선포식에서 신규 원전 건설을 전면 백지화하고 탈원전 하겠다고 발표하였다. 이에 따라 원전 가동이 속속 중단되면서 2018년 5월 원전 가동률이 54.8%로 내려앉았다.

보수진영 및 원자력 관련 학계와 산업 종사자들의 강한 반발과 함께 정부 정책 결정 과정에 대한 비판도 많았다. 한국전력을 비롯하여 에너지 관련 공기업들은 원전 활용이 어려워지자 영업 손실이 천정부지로 치솟았다. 또한 탈원전 정책을 뒷받침할 재생에너지 사업, 특히 태양광 사업 추진 과정에서 여러 가지 비리 사건이 발생하여 정부 정책의 신뢰도가 추락하고 국민 사이에 갈등이 일어났다.

소득주도성장 정책

소득주도성장 정책은 2018년부터 본격 시행되었는데 정책 목표는 가계 소득 증가 → 소비 증가 → 내수 활성화 → 가계 소득 증가의 순환 사이클을 통하여 경제를 성장시키고 양극화를 해소한다는 것이었다. 주요 내용은 최저임금 대폭 인상, 비정규직의 정규직화, 노동시간 단축 등이다.

최저임금은 2018년 16.4%, 2019년 10.9%가 인상되었다. 급격한 최저임금 인상으로 소득 향상 효과가 일부 나타났으나, 인건비 부담으로 영세 자영업자와 소상공인의 상황을 더욱 어렵게 만들고 고용을 줄였다는 평가를 받았다. 문제점이 커지자 2020년에는 2.9%, 2021년에는 1.5%로 최저임금 인상률이 낮아졌다.

비정규직의 정규직화는 공공부문에서 일부 이루어졌으나 민간기업은 전혀 호응하지 않았으며, 오히려 이 정책 때문에 고용시장의 이중구조가 심화되었다. 2018년부터 주 52시간 근무제를 도입하여 노동시간이 단축되었으나 업종별 특성을 고려하지 않았고, 중소 조선업체 근로자 76%가 반대하는 등 소득 감소를 이유로 반대하는 노동자층도 있었다.

초반에 국민의 기대감이 높은 편이었으나 현실을 무시하고 충분한 준비 없이 정책을 시행하여 고용이 줄고 성장이 둔화되자 2020년 이후 '포용적 성장'으로 키워드를 전환하였다.

평창 동계올림픽 개최와 남북단일팀

2018년 2월 9~25일 동안 강원도 평창에서 제24회 동계올림픽이 열렸다. 이로써 한국은 아시아에서 일본과 더불어 FIFA월드컵과 하계·동계 올림픽을 모두 개최한 나라가 되었다. 특히 여자 하키팀은 남북단일팀으로 참가하여 세계적인 관심을 받았다.

북한은 김여정, 김영남 등 최고위급 대표단을 파견하였다. 북한 대표단은 문재인과 면담하면서 김정은의 방북 초정 메시지를 전달하였다. 동계올림픽을 계기로 지난 10여 년간 지속된 남북 간의 경색된 관계가 완화되는 분위기가 나타났고, 같은 해 4월 남북정상회담으로 이어졌다.

남북정상회담

2018년 남북한은 세 차례 남북정상회담을 개최하여 남북관계 개선과 한반도 평화 프로세스를 추진하였다.

1차 회담은 4월 27일 판문점 평화의 집에서 열렸고, "더 이상 전쟁은 없을 것이고 한반도에 새로운 평화의 시대가 열렸음을 선언한다"는 판문점 선언을 발표하였다. 주요 합의 내용은 1) 완전한 비핵화를 통해 핵 없는 한반도를 실현한다, 2) 남북 간 적대행위를 중단한다, 3) 종전 선언을 추진한다, 4) 남북 교류협력을 확대한다 등이었다. 1차 회담으로 같은 해 6월 싱가포르에서 북미정상회담으로 이어지는 계기가 마련되었다.

2차 회담은 6월로 예정된 북미정상회담이 취소될 위기를 맞으면서 긴급하게 5월 26일에 판문점 통일각에서 개최되었다. 북미정상회담을 재추진하기 위하여 갑자기 열린 것으로, 합의문 발표 없이 비공개로 진행되었다. 다만 김정은이 '완전한 비핵화 의지'를 다시 언급하며 미국과의 신뢰 구축 필요성을 강조하였고, 남북 정상이 필요시 긴급 회동을 자주 가질 것을 합의하였다.

3차 회담은 9월 18~20일 평양에서 개최되었으며, 회담 결과 평양공동선언과 9.19남북군사합의서를 발표하였다. 주요 내용은 1) 비핵화의 실질적 조치로서 북한이 동창리 미사일 엔진 시험장 및 발사대 폐기, 2) 군사적 긴장 완화 조치로서 DMZ 내 GP(감시초소) 철거, 공동경비구역(JSA) 비무장화 및 남북 공동경비체제 도입, 서해 NLL 평화수역 조성 합의, 3) 교류협력 확대로서 남북 철도 및 도로 연결 사업 추진, 2032년 남북 공동올림픽 유치 추진, 이산가족 상봉 및 금강산 관광 재개 논의였다. 평양공동선언과 9.19남북군사합의서는 남북관계 발전과 군사 긴장 완화 조치의 결정판이라 할 수 있다.

북미정상회담

2018~19년에 걸쳐 북한과 미국 간에 세 차례 정상회담이 개최되었다.

1차 회담은 2018년 6월 12일 싱가포르에서 개최되었다. 주요 내용은 1) 한반도 비핵화 원칙 합의, 2) 미국과 북한의 관계 정상화 추진, 3) 한반도 평화체제 구축 논의, 4) 미군 유해 송환이다. 북미 정상의 첫 만남이었고, 전 세계의 관심이 집중되었다. 북미 간 대화 창구 개설로 긴장이 완화됐지만 이후 협상이 실무급에서 교착상태에 빠졌다.

2차 회담은 2019년 2월 27~28일 베트남 하노이에서 개최되었으나 협상은 결렬되고 공동성명도 없었다. 북한은 영변 핵시설을 폐기하는 대가로 대북 제재 완전 해제를 요구하였으나, 미국은 영변 외 다른 지역 핵시설의 존재를 언급하면서 완전한 비핵화를 조건으로 제시하였다. 양측이 합의에 이르지 못하고 협상은 결렬되었으며 북미 관계는 급속히 냉각되었다.

3차 회담은 2019년 6월 30일 판문점에서 개최되어 하노이 회담 결렬 이후 대화 재개를 모색하였지만 큰 성과 없이 끝났다. 비핵화와 제재 완화 요구 사이에 입장 차가 큰 것을 확인했고, 이후 북한은 대미 강경 노선으로 복귀하였다.

더불어민주당, 지방선거 압승

2018년 6월 함께 치러진 지방선거와 국회의원 보궐선거에서 여당인 더불어민주당이 압승을 거두었다. 광역자치단체장은 17개 지역 중 14곳, 기초자치단체장은 226개 지역 중 151곳, 국회의원 재보궐선거에서는 12개 지역 중 11곳을 차지하였다. 당시 문재인 정부는 적폐 청산을 내세우면서 높은 지지율을 기록하고 있었으며, 남북정상회담과 북미정상회담이 연이어 열리면서 국민에게 한반도 평화 분위기 조성에 대한 희망을 주었다. 반면 보수진영은 박근혜 대통령 탄핵의 후유증에서 벗어나지 못하고 자유한국당과 바른미래당으로 분열되어서 보수층 결집에 실패하고 말았다.

탈북 어민 강제 북송과 서해 공무원 피살 사건

2019년 11월 2일 북한 선원 2명이 탈북하여 귀순 의사를 밝혔다. 조사 과정에서 이들이 동료를 살해하고 탈북한 것이 밝혀지면서 문재인 정부는 망명의 신빙성이 의심된다고 이들을 북한으로 강제 추방하였다. 이들은 북송 직후 처형된 것으로 알려졌다.

2020년 9월 22일 해양수산부 소속 공무원이 연평도 인근에서 북한군에 의해 피살되고 시신이 해상에서 소각된 것이 밝혀졌다. 정부는 이 공무원이 도박 빚으로 인한 정신적 공황 상태에서 현실도피 목적으로 자진 월북했다고 발표했다. 그러나 국방부, 국정원, 해경 모두 자진 월북이 사실과 다르다고 파악했고, 감사원은 2023년 12월 문재인 정부가 사망 전에 상황을 방치했으며 남북 관계 경색을 우려한 정부가 사실을 은폐 왜곡했다고 결론 내렸다.

조국 사태

2019년 9월 문재인은 검찰개혁을 완수하기 위하여 조국 전 청와대 민정수석을 법무부 장관으로 임명하였다. 임명 전후에 조국 장관에 대한 여러 가지 의혹이 제기되었는데, 주요 의혹은 자녀 입시 비리 관련한 허위 공문서 작성과 사문서 위조, 이해 충돌 여지가 있는 사모펀드 투자, 웅동학원 채용 비리 등이다. 검찰은 조국과 그 일가족에 대한 수사를 시작하였고, 수사 진행 중 조국 지지 세력과 반대 세력 간의 갈등이 심화되고 검찰청 앞에서 대규모 시위가 연일 진행되었다. 여론이 악화되자 조국은 2019년 10월 장관직에서 사퇴하였다.

문재인 대통령이 임명한 윤석열 검찰총장이 조국에 대한 수사를 진두지휘하였는데, 그 과정에서 정권과 심각하게 충돌하였다. 조국 사태는 2022년 대통령 선거에 큰 영향을 끼쳤다.

코로나19 사태

2020년 1월 국내에서 코로나19 확진자가 처음 발생한 이래 몇 년에 걸쳐 대규모 감염 사태가 일어났다. 정부는 철저한 진단 조사 및 확진자 추적과 강력한 사회적 거리두기 정책으로 대응하였다.

사회적 거리두기는 다인 모임 금지, 공공 다중시설 운영 중단, 고위험 민간 다중시설 운영 중단 및 운영시간 제한, 학교 휴업, 스포츠 경기 제한 등의 내용으로 이루어져 있었으며, 코로나19 확진자 발생에 따라 단계별로 적용되었다. 2021년 7월 델타 변이 바이러스 등장으로 확진자가 급증하면서 수도권에 가장 강력한 거리두기 4단계가 발령되었다. 5인 이상 모임 금지(18시 이후 3인 이상 금지), 22시 이후 식당 및 카페 운영 제한, 비대면 종교 활동, 1인 시위 외 집회 금지, 학교 전면 원격 수업, 모든 기업에서 30% 재택근무 실시 등이 한동안 적용되었다.

2022년 들어서 전 국민 백신 접종이 어느 정도 완료되어 재택 치료 중심으로 전환하고, 같은 해 4월 모든 사회적 거리 두기를 해제하였다. 코로나19 사태 기간 동안 국내 확진자는 누적으로 약 3500만 명이고, 사망자는 약 3만 6000명에 이르렀다.

코로나 대응과 관련하여 정부는 초기에 드라이브 스루 검사소,

워크 스루 선별검사소, 확진자 추적과 격리 조치 등 창의적인 방법과 강제적인 방법을 동원하여 효과적으로 대처했다는 평가를 국내외에서 받았다. 그러나 중반 이후 백신 확보가 늦어서 전 국민 접종이 해외보다 늦어졌고, 일관성 없는 강력한 규제 조치만을 추진하여 자영업자와 소상공인의 피해가 증가하고 국민의 자유를 지나치게 제한하였다는 비판도 받는다.

제21대 총선거 압승

2020년 4월 제21대 국회의원 총선거에서 2년 전 지방선거에 이어서 더불어민주당이 야당인 미래통합당에 압승을 거두었다. 민주당은 전체 300석 중에서 180석을 얻고, 미래통합당은 수도권에서 참패하면서 103석을 얻었다. 더불어민주당의 승리 요인으로는 2020년 1월부터 시작된 코로나19 사태에 초기부터 빠르게 대응한 정부 정책에 대한 국민의 호응, 같은 해 4월에 지급된 재난지원금이 표심에 끼친 영향 등을 꼽는다. 반면 야당은 강압적 방역이라는 비판 전략이 국민 공감을 얻지 못하고 당내 갈등으로 인하여 보수층 결집에 실패한 것이 패인으로 지적된다.

그러나 정국 주도권을 장악한 여당이 국민 의견을 제대로 수렴하지 않고 부동산 정책, 검찰개혁, 공수처 설치 등을 일방적으로 강행하면서, 더불어민주당에 대한 지지율은 떨어지기 시작하였다.

3. 주요 업적과 평가

경제·사회 분야

경제정책의 핵심은 소득주도성장과 일자리 창출이었다. 소득주도 성장은 국가가 개입해 서민층 소득을 늘려 소비를 촉진함으로써 경제를 성장시킨다는 것으로, 이른바 분수효과가 유발되기를 기대한 것이다. 이를 위해 최저임금을 인상하였는데, 집권 후 2년 사이에 대폭 인상된 최저임금은 대기업에는 별 부담이 되지 않았으나 자영업자와 중소기업에는 큰 어려움을 주었다.

일자리 창출은 정부가 최대 고용주가 되어 주도하였다. 그 결과 앞선 정권에 비해 공무원 수가 13만 명 증가했다. 그러나 전일제 환산 취업자 수(일주일에 40시간 일하는 사람을 1명으로 계산하고, 20시간 일하는 사람을 0.5명으로 계산하는 방식으로 산출한 취업자 수) 전체를 보면, 2017년에 비해 2021년에 207만 명 감소해서 양질의 일자리가 줄고 단기 취업자가 늘었다는 것을 알 수 있다.

부동산 정책은 재건축, 재개발을 통한 공급 확대보다 세금 부과와 대출 규제 등을 이용한 수요 억제 정책을 실시하였다. 그렇지만 코로나19 팬데믹으로 경기침체에서 벗어나기 위해 전 세계적인 저금리 기조에서 수요에 비해 공급이 부족하자 부동산 가격이 급등하였고, '영끌'이라는 신조어가 생길 정도로 부동산 투자 광풍이 불었다. 임기 중 23차례 부동산 대책이 나왔지만, 집권 4년 차에 서울

평균 집값이 2배 폭등하는 등 최악의 부동산 혼란을 겪었다. 문재인은 2021년 5월 "부동산만큼은 정부가 할 말이 없다"며 뒤늦게 실패를 시인하였다.

코로나19 사태에서 정부는 강력한 사회통제 정책을 실시하였다. 초기에는 확진자 수 급등세를 억누르며 해외에서도 성공 사례로 인정받았지만, 시간이 지나면서 규제에 대한 국민 불만이 점점 증가하였다. 사적 모임과 민간 시설 운영 통제로 소비가 크게 감소하여 자영업자들의 대규모 폐업이 발생하였다. 특히 여행, 항공, 관광, 서비스업이 큰 타격을 받았다.

종합하면 정부 주도의 경제개혁 정책이 대부분 실패한 것으로 볼 수 있다. 소득주도성장은 기대와 다른 부정적 결과를 가져왔고, 코로나19 사태까지 겹치면서 자영업자의 어려움이 가중되었다. 부동산 정책 실패와 집값 폭등은 다음번 대통령 선거 패배의 결정적인 원인으로 작용하였다. 국가채무가 627조 원에서 1033조 원으로 크게 증가한 데는 미증유의 위기였던 코로나19 팬데믹의 영향이 적잖이 미쳤다 할 수 있다.

정치·외교·안보 분야

대북 관계는 문재인 정부가 가장 역점을 두고 추진한 분야이다. 세 차례의 남북정상회담과 세 차례의 북미정상회담이 진행되면서 전 세계의 관심을 집중시켰고, 국민도 남북 화해와 경제 협력에 큰 기대를 품었다. 그러나 여러 분야에서 원칙적인 합의를 하였음에도 남북 간 경제 협력이 실질적으로 이루어진 것은 없다. 세 차례에 걸친 북미정상회담 역시 실질적인 성과나 합의문 없이 끝났고, 이에 북한의 김정은은 "오지랖 넓은 중재자" 역할 대신 실천적 행동을 하라고 한국 정부를 비판했다. 문재인 정부는 '한반도 운전자론'을 강조하였지만 북미 사이에서 특별한 역할을 하지 못했다고 보는 게 타당할 것이다.

2018년 지방선거와 2020년 국회의원 총선거에서 여당인 더불어민주당이 연이어 압승을 거두었다. 중간평가 성격을 띤 두 선거에서 문재인 정부에는 운이 많이 따랐다. 2018년 지방선거 때는 남북정상회담과 북미정상회담이 차례로 개최되면서 정권 지지율이 한창 올랐다가, 이후 회담이 성과 없이 끝나자 지지율은 급락하였다. 2020년 국회의원 총선거가 있던 4월에는 코로나19 방역 정책이 성과를 거두며 외국에서도 성공적인 사례로 평가받으면서 정권의 지지율이 다시 상승하였다. 총선 이후 정부의 강력한 통제 정책에도 불구하고 코로나19가 전국으로 확산하고 부동산 가격이 상승하면서 정권 지지율은 추락하였다. 추락한 지지율은 2022년 대통령 선거까지 이어졌다.

종합하면 대북 관계에서는 북한과 미국 사이에서 평화를 중재할 만한 역량이 부족하여 기대한 성과를 거두지 못하고 국민에게 실망을 안겨주었다. 대일 관계에서는 작심하고 반일 정책을 펴서 국교 정상화 이후 최악의 관계가 되었다. 임기 중 두 번의 선거에서 압승했지만 정부와 여당이 잘해서라기보다는 시기적으로 운이 좋았다. 결국 다음 대통령 선거에서 정권 재창출에 실패하였다.

4. 정치적 자질 평가

○ **시대정신:** 전 정권의 국정농단 청산과 국민 화합, 양극화 해소와 삶의 질 향상, 뉴노멀 경제정책 수립이 시대정신이라고 할 수 있다. 시대정신을 보통 수준 이상으로 이해하고 있었지만 집권 기간 내내 진영 논리에 갇히면서 시대정신을 현실화하는 데 실패하였다. 적폐 청산을 강조하며 자신들의 지지층을 위한 정책을 집행하고 모든 국민을 아우르는 국민 화합에는 역행하였다. 또 이념과 정치 논리가 경제를 지배하여 경제적 어려움이 가중되었다.

○ **국정비전:** "기회는 평등하고, 과정은 공정하고, 결과는 정의로울 것", "분열과 갈등의 정치를 바꾸겠다" 등의 공감할 수 있는 구호를 제시하였지만 구체적인 방법론을 보여주지 못했다. 오히려 조국 사태 등으로 기회의 평등과 과정의 공정성이 의심받았고, 적폐 청산에 집착하면서 국민 간 갈등과 분열이 증폭되었다.

○ **도덕성:** 사법연수원 차석 출신으로 대형 로펌의 영입 제의를 거절하며 인권변호사로 20년 넘게 일한 것을 볼 때 훌륭한 성품을 가졌다고 할 수 있다. 또한 개인 비리나 측근들의 비리가 다른 정권과 비교할 때 상대적으로 적었다고 평가할 수 있다.

5. 리더십 역량 평가

○ **인지 영역:** 기본적 사고력과 법률적 전문성은 높은 것으로 보이나 정무적 감각과 종합적 사고능력은 미흡한 것으로 나타난다. 또 모든 것을 흑백의 이분법적 사고로 접근하는 경향이 있다. 이는 법률가 출신 정치인들에게 자주 나타나는 특성으로, 전체 상황과 흐름을 보는 거시적인 사고력보다 개별 사안의 옳고 그름과 유불리를 따지는 미시적인 사고력이 업무를 통해 계발되었기 때문이다.

　-통찰력(3.0): 남북관계나 경제정책에서 기본 방향과 방법론을 제시하는 면은 비교적 양호하나, 종합적인 상황을 이해하거나 핵심을 파악하는 능력은 다소 미흡한 것으로 보인다. 코로나19 사태 대응 과정에서는 치밀한 미래 예측에 기반한 방향을 명확하게 제시하지 못하고 단편적 대응이 자주 나타났다.

-변화혁신(2.0): 코로나19 사태나 부동산 문제를 풀어가는 과정에서 변화하는 상황에 능동적으로 대응하지 못한 면이 있다. 다수 국민이 원하는 바를 제대로 파악하지 못하고 사전에 참모들과 준비한 것만 추진하는 한계를 보였다. 정책을 추진하는 과정에서 문제가 발생해도 인정하지 않고 고집을 부리는 경우가 자주 나타났다.

-의사결정(2.0): 자신이 잘 모르는 분야에서 문제가 발생하면 분석과 고민을 많이 하지만 과감하고 신속한 결정은 내리지 못하는 성향이 강한 것으로 보인다. 경제정책이나 부동산 문제와 관련하여 의사결정을 미루고 책임을 회피하는 면도 나타났다.

-국제외교감각(2.0): 빠르게 변화하는 국제정세와 주변 강대국들의 입장을 제대로 파악하지 못하고 진영 논리에 갇혀서 적절한 외교적 대응을 하지 못하였다. 주력했던 북미정상회담에서 북미 양쪽의 비판을 받았고, 정치 논리에 집착하여 한일관계를 악화시키는 등 실리를 추구하는 국제외교의 기본 상식이 다소 부족한 것으로 보인다.

○ **업무 영역:** 기본적으로 상황을 분석하고 생각이 많은 타입이어

서 신속하고 과감하게 행동하지 못하며, 조직 경험이 없는 변호사 출신인 탓인지 조직을 체계적으로 운영하는 면이 매우 약하다.

　-문제해결(2.0): 부동산 문제와 관련하여 23회나 대책을 냈지만 결국 실패한 것은 문제의 핵심과 원인을 제대로 파악하지 않고 주관적인 고집과 판단에 의존하는 면이 강하기 때문일 것이다. 소득주도성장이나 일자리 창출 등에서도 다양한 정보를 객관적으로 분석하지 않고 단편적으로 접근하는 면이 자주 나타났다.

　-추진력(3.0): 과업을 추진하는 과정에서 본인이 주도적으로 이끌기보다 참모들이 해결하기를 바라는 타입이며, 정치 입문도 본인의 적극적인 의지보다 주변의 권유와 상황에 의해 이루어졌다. 이를 볼 때 권력의지가 약한 편이며 지도자로서 끌고 나가는 역량이 높지 않다고 할 수 있다. 하지만 관심이 있고 옳다고 생각하는 것에서는 쉽게 포기하거나 방향을 바꾸지 않고 집착하는 면이 나타나기도 한다.

　-조직관리(1.5): 조직관리 경험이 없고, 리더로서 책임감 있게 조직을 운영하기를 꺼리는 경향이 강하다. 지연이나 학연 등을 통해 인간관계 맺기를 싫어하고

조직적인 활동보다는 '나 홀로' 활동을 즐긴다. 인재 등용도 과업의 성격과 개인의 능력보다 진영 논리와 코드에 중점을 두는 경우가 많아서 원하는 성과를 거두는 데 한계가 나타났다.

○ **관계감성 영역:** 사회적 약자에 대한 배려심이 많고 어려운 사람들의 입장을 이해하고 도와주려 한다. 기본적으로 활발한 인간관계를 맺고 활용하는 것보다 혼자서 생각하고 활동하는 것을 좋아한다.

　　-공감소통(2.5): 사회적 약자와 소외계층에 대한 배려심이 매우 높은 것으로 보인다. 단 이분법적 사고가 강해서 다양한 사람들과 소통하고 어울리는 것을 좋아하지 않으며, 이념적으로 반대편에 있는 사람들의 의견을 듣지 않고 적대시하는 경향이 강하다는 한계가 있다.

　　-자기확신(3.5): 대형 로펌의 영입을 거절하고 인권변호사로서 활동한 점을 볼 때 자기 신념과 소신이 확실한 것으로 보이며, 이는 남북관계나 한일관계를 풀어가는 과정에서도 일관되게 나타난다. 단 상황 분석 능력이 다소 미흡하여 목표 달성에 대한 자신감보다

는 신념에 따른 고집으로 나타나는 경우가 더 많아 보인다.

-관계관리(1.5): 자신과 비슷한 생각을 하는 사람들과 교류하기를 좋아하고 이해관계가 다른 다양한 사람들과 교류하기를 꺼리는 경향이 나타난다. 최고 지도자는 국익을 위하여 필요하다면 반대편을 활용하고 협력해야 하는데, 이런 면은 매우 약한 것으로 보인다.

6. 총평

사법연수원 차석 출신으로 사회적 약자를 대변하는 훌륭한 인권변호사로 오래 활동하는 등 좋은 인성을 갖추었지만, 국가 지도자로서 권력의지와 책임감이 약하다. 기본적으로 친북, 반일 성향이 강하고 기득권층을 강하게 불신하며, 남북 평화에 대한 이상주의적 사고를 품고 있다. 또 진영 논리에 기반한 신념이 강해서 집권 기간 내내 적폐 청산만 외치며 국민 화합과 미래 비전을 제시하지 못했다. 국가 지도자로서 종합적인 사고와 접근을 하지 못하고 주관적인 판단과 정책을 집행하여 국민 공감을 얻는 데 한계가 드러났으며, 국내외적으로 여러 가지 정책을 추진했지만 준비와 경험이 부족하여 제대로 성과를 이뤄낸 것은 없었다.

내성적이고 수동적이며 다양한 사람들과 어울리기를 꺼리는 성향이다. 종합적인 사고와 과감한 결단력은 약하지만 고집이 세고 자신의 실수를 인정하지 않으며, 위기 발생 시 의사결정을 미루고 책임을 회피하는 면도 보인다. 관계관리, 문제해결, 의사결정 역량이 낮은데 자기확신과 추진력이 높아서 리더십이 부정적으로 발휘되는 경우도 있다. 부동산 문제나 검찰개혁 문제에 대응하는 과정에서 그런 면이 드러났다. 전반적으로 개인 성품은 좋지만, 국가 지도자로서 다소 미흡한 역량을 보유하였다.

대통령으로서 업적 중에서 공은 1) 세 차례 남북정상회담, 2) 코로나19 사태 극복을 들 수 있다. 남북정상회담의 성과에 대해선 이견이 많지만, 성사 자체는 문재인 개인의 신념과 의지에 전적으로 기인한 것으로 볼 수 있다. 코로나19 사태 극복에서는 개인 역량이 기여한 부분이 매우 작다고 보는 것이 타당할 것이다.

과는 1) 국론 분열과 팬덤정치의 확산, 2) 소득주도성장 정책과 부동산 정책의 실패를 들 수 있는데, 두 가지 모두 문재인 개인의 역량 때문이라고 볼 수 있다.

윤

석

열

2022~2025

1. 생애(1960~)

1960년 12월 서울에서 윤기중과 최성자 사이 1남 1녀 중 장남으로 태어났다. 1979년 서울 충암고등학교를 졸업하고 서울대학교 법학과에 입학했다. 9수 끝에 1991년 제33회 사법시험에 합격했으며, 1994년 사법연수원을 수료하고 검사로 임용되었다. 8년 동안 검사로 근무한 후 2002년 변호사로 활동하다가 2003년 검찰로 복귀하였다. 이후 특수수사 분야에서 활약하면서 대통령 선거자금 수사, 론스타 외환은행 매각 사건 등 굵직한 사건을 많이 맡았다. 2013년 국정원 댓글 조작 사건 수사팀장을 맡아서 수사하던 중 상부의 지시를 거부하여 대구 고검으로 좌천되었다. 같은 해 10월 국정감사에서 "저는 사람에게 충성하지 않습니다"라고 발언하여 전국적인 스타가 되었다. 2016년 최순실 국정농단 사건 특검팀 수사팀장으로 합류하였고, 이후 문재인 정권에서 서울중앙지검장을 거쳐 2019년 7월 검찰총장에 임명되는 초고속 승진을 하게 된다.

2019년 9월 문재인이 검찰개혁을 위하여 조국을 법무부 장관으로 임명하자 검찰은 조국과 그 가족의 여러 의혹에 대하여 대대적인 수사에 들어갔고, 조국 장관은 35일 만에 사퇴하였다. 이후 검경 수사권 조정 및 고위공직자 범죄수사처 설치와 관련하여 청와대와 검찰 사이 갈등의 골이 더욱 깊어졌다. 추미애 법무부 장관이 검찰총장의 수사지휘권을 박탈하며 정직 2개월의 징계 처분을 내렸

이승만에서 윤석열까지: 역대 대통령 분석 및 평가

으나, 윤석열이 이에 불복해 제기한 집행정지 신청을 법원이 받아들여 업무에 복귀한다. 청와대와 여당의 압력이 계속되던 2021년 3월 윤석열은 "헌법 정신과 법치주의가 무너졌다"는 이유로 검찰총장직을 사임하였다.

2021년 6월 20대 대통령 선거 출마를 선언하고 11월에 국민의힘 대통령 후보로 선출되었으며, 2022년 3월 제20대 대통령으로 당선하였다.

2. 주요 정책과 사건

제20대 대통령 당선

2022년 3월 국민의힘 윤석열 후보는 제20대 대통령 선거에서 득표율 48.6%, 약 1640만 표를 획득하여 득표율 47.8%, 약 1615만 표를 획득한 민주당 이재명 후보를 초접전 끝에 누르고 당선하였다. 1987년 대통령 직선제 이후 처음으로 국회의원을 해본 적 없는 정치 신인이 대통령에 당선하였다.

대통령실 이전

2022년 7월 윤석열 정부는 취임 직후 대통령실을 청와대에서 용산으로 이전하면서, 제왕적 대통령제를 청산하고 기존 청와대의 폐쇄적 구조에서 벗어나 열린 공간에서 국민과 소통을 강화하겠다고 밝혔다. 그러나 당선 11일 만에 이전 계획을 세우고 55일 만에 이전을 강행하여 준비 부족으로 인한 여러 문제가 발생했다.

국민의 반응도 비판적인 내용이 많았다. 이전 비용이 최소 수백억 원에 달하여 혈세 낭비라는 지적, 대통령실 이전에 따라 국방부를 비롯한 안보 기관들이 연쇄 이전하는 데서 올 수 있는 안보 공백에 대한 우려였다. 여기에다 윤석열 부부가 풍수지리적 이유로 청와대를 기피하고 이전하였다는 의혹까지 제기되었다. 이전 명분이었던 국민과의 소통 강화가 이전 이후 전혀 이뤄지지 않아서 이런 의혹에 신빙성을 더하였다.

이태원 참사

2022년 10월 29일 서울 용산구 이태원에서 할로윈 행사 중 대규모 압사 사고가 발생하여 159명이 사망하고 195명이 부상당하였다.

정부의 늑장 보고와 안일한 상황 인식이 피해를 키웠다는 비판이 제기되었고, 단순 사고로 격하시켜서 정부의 책임을 회피하려는 정부 관계자들의 행태가 공분을 샀다. 또한 용산경찰서가 대통령실 경비에 집중하느라 제대로 대응하지 못했다는 비판도 나왔으며, 진상조사를 요구하는 목소리가 높았다. 2024년 5월 '이태원 참사 특별법'이 국회를 통과해 진상규명을 위한 특별조사위원회가 9월 구성되었다.

캠프 데이비드 정상회의

2022년 5월 21일 윤석열은 바이든과 서울에서 첫 정상회담을 가졌다. 주요 성과는 한미동맹을 군사안보 중심에서 경제·기술 분야까지 확대하고, 한국의 인도-태평양 경제 프레임워크 참여를 공식화하고, 소형 모듈 원전 공동개발 및 국제 원전 시장 진출에 협력한다는 것이었다.

2023년 4월 윤석열은 미국을 국빈 방문하여 워싱턴 선언을 채택하였다. 주요 내용은 북한의 위협을 관리하기 위해 핵협의그룹 신설, 미국의 전략적 군사자산의 한반도 전개 정례화 등을 통한 핵확장 억제 강화, 첨단기술 분야(인공지능, 양자, 우주) 협력 확대이다.

2023년 8월 18일 캠프 데이비드에서 한·미·일 정상회의가 열렸다. 여기에서 한·미·일 정상회의의 제도화를 추진하고, 북한의 핵과 미사일 위협에 공동 대응하며, 인도-태평양 지역의 안보협력을 강화하기로 하였다. 이에 대해 중국과 러시아는 곱지 않은 시선을 보내고 북한은 반발하였으며, 국내에서는 일본과 사실상 준군사동맹을 맺게 된 것에 대한 비판과 함께 실질적인 이익이 없다는 평가도 나왔다. 미국과 일본의 지도자가 약 1년 후 교체되어 회담 내용과 관련해 더 이상의 진전을 이루지 못했다.

한일정상회담

윤석열 정부가 일제 강제징용 피해자 배상 문제에 대하여 한국 정부 산하의 재단이 대신 배상하는 제3자 변제안을 제시한 이후 한일 관계는 급속히 개선되었다. 일본의 대한국 수출규제 조치가 해제되고, 경제·안보 및 첨단기술 분야 협력이 확대되었다. 또 지소미아가 완전 정상화되었고, 한·미·일 안보협력이 강화되었다. 그러나 일본의 어떠한 사과도 없이 강제징용 피해자 배상 문제에 면죄부를 주었으며, 일본의 역사 왜곡과 독도 영유권 주장에 미온적으로 대응하고, 후쿠시마 원전 오염수 방출에 항의하지 않는 등 너무 많이 양보한 굴욕 외교라는 비판을 받았다.

홍범도 장군 흉상 이전과 건국절 논란

2023년 8월 육군사관학교는 교내 기념물 재정비 계획의 일환으로 홍범도 장군을 포함한 5인의 독립운동가 흉상을 교외로 이전하려는 계획을 발표하였다. 같은 달 31일 육사가 홍범도 장군이 1920년대 소련공산당에 입당한 경력을 이유로 홍범도 장군 흉상만을 이전하기로 결정하자, 야당과 광복회는 '독립운동 역사 지우기'라며 강력하게 반발하였다. 길게 이어진 논란 끝에 결국 홍범도 장군 흉상은 육사 내에 남게 되었다.

2024년 8월에는 김형석 독립기념관장 임명을 계기로 건국절 논쟁이 가열되었다. 야당과 광복회는 김형석 관장이 과거 "8월 15일은 광복절이 아니다", "1948년 이전엔 우리 국민은 없고 일본 국민만 있었다" 등의 발언을 한 것을 들어, 이 임명에는 광복절을 지우고 1948년 이승만 정부 수립일을 건국절로 제정하려는 의도가 담겨 있다고 의심하였다.

역사 관련 기관 요직에 뉴라이트 인사들을 임명하고 역사 논쟁이 벌어지면서 진보와 보수 사이에 이념 대립과 갈등은 더욱 격화되었다.

탈원전 정책 폐기

2022년 7월 윤석열은 전 정권의 탈원전 정책을 공식 폐기했다. 2025년 기준으로 원자력 연구개발에 4조 원을 투자하고, 2030년까지 원전 비중을 30% 이상으로 확대한다고도 밝혔다. 탄소 배출을 줄이는 에너지원으로 원자력이 각광받는 상황에서 원자력 산업 생태계를 강화하고 경제성장에 새로운 동력으로 삼겠다는 것이다. 이후 2022년에 이집트의 엘다바 원전 건설사업을 수주하였고, 2024년에는 체코 두코바니 원전 건설사업을 수주하였다.

이처럼 원전 산업은 회복되었지만 재생에너지 산업에 대한 투자는 줄어들었고, 탈원전 정책에 대해서는 국민의 찬반 의견이 맞서고 있다.

의대정원 증원과 의료대란

2024년 2월 정부는 2025학년도부터 의과대학 정원을 2000명 증원한다고 발표하였다. 이를 통해서 2035년까지 약 1만 명의 의사

인력을 확충해서 의료 취약 지구의 의사 인력을 확보하고 고령화로 인한 의료수요 증가에 대비한다는 것이다. 의사협회를 중심으로 의료계는 집단 반발하였으며, 전국 대학병원 전공의들이 집단사직서를 제출하고 전국 의과대학 학생들 대부분도 휴학을 신청하였다.

정부는 인턴 약 6300명에게 업무 복귀 명령을 내리고 의사협회 지도부 2명의 의사면허를 취소하는 등 강경하게 대응하였지만, 전국 주요 병원의 가동률이 절반 수준까지 떨어지는 의료대란이 일어나며 국민의 불안과 피해가 늘어났다.

의대정원 증원은 철저한 조사와 사전 협의 없이 정부가 졸속으로 추진한 대표적인 정책으로 꼽을 수 있다.

제22대 총선 참패

2024년 4월 제22대 국회의원 총선거에서 여당인 국민의힘은 참패를 당하였다. 국민의힘은 108석, 더불어민주당은 175석을 차지하였다. 야당인 민주당은 단독으로 과반수 의석을 확보하였고, 국민의힘은 간신히 개헌 저지선을 확보하였다.

참패 원인은 윤석열 정부의 실정, 소통을 거부하는 일방통행식 국정운영 행태에 대한 정권심판이었다. 경제가 어려운 상황인데도 불필요한 이념 논쟁과 코드 인사가 거듭되고, 김건희 특검법에 대해 대통령이 연이어 거부권을 행사함에 따라 중도층이 마음을 돌린 것으로 판단된다.

김건희 특검법

대통령 선거 당시에 논문 표절 의혹이 제기된 이후로 대통령 부인 김건희와 처가에 대한 여러 가지 비리 의혹이 끊이지 않고 발생하였다. 2023~2024년 국회에서 민주당 주도로 김건희 특검법이 네 차례 통과되었으나 대통령은 계속 거부권을 행사하였다. 대통령이 거부권을 행사하며 의혹은 더욱 확대되었는데, 특검법의 주요 수사 대상과 의혹은 다음과 같다. 1) 도이치모터스 주가조작 의혹, 2) 2022년 재보궐 선거 및 2024년 국회의원 총선거 공천개입 의혹, 3) 명품 가방 수수 의혹, 4) 대통령 관저 공사 특혜 의혹, 5) 처가의 양평 땅 투기 의혹, 6) 코바나컨텐츠 뇌물성 협찬 의혹 등이다.

비상계엄 선포와 대통령 탄핵

2024년 12월 3일 밤 윤석열은 긴급 대국민 담화를 통해 비상계엄을 선포하였다. "북한 공산 세력의 위협으로부터 자유 대한민국을 수호하고, 우리 국민의 자유와 행복을 약탈하고 있는 파렴치한 종북 반국가 세력을 일거에 척결하고 자유 헌정질서를 지키기 위해 비상계엄을 선포합니다"라고 계엄 사유를 밝혔다.

　12월 4일 새벽 국회는 동원된 군경의 방해에도 불구하고 긴급 본회의를 소집하여 '비상계엄 해제 요구 결의안'을 통과시켰다. 이로써 비상계엄은 선포 여섯 시간 만에 해제되었다. 짧은 시간 안에 많은 시민들이 국회 앞에 모여 국회로 진입하려는 군을 막은 덕분에 가능했던 일이다.

12월 14일 국회는 윤석열에 대한 탄핵소추안을 본회의에서 가결하고 탄핵소추 의결서를 헌재에 접수하였다. 헌재는 의결서 접수 후 111일 만인 2025년 4월 4일 재판관 전원일치 의견으로 윤석열을 대통령직에서 파면하였다. 윤석열이 선포한 비상계엄은 법에서 정한 요건과 절차를 위반하였으며, 국군의 정치적 중립성을 훼손하였고, 헌법기관의 권한을 침해하였다는 것이 헌재의 선고 요지이다.

3. 주요 업적 평가

경제·사회 분야

윤석열 정부는 노동, 연금, 교육, 의료 분야의 4대 개혁을 강조하였으나 입법 지연과 사회적 반발로 인하여 제대로 추진한 것이 없다.

법인세와 소득세 감세를 통해 투자를 확대해서 경기를 활성화하겠다고 하였으나, 오히려 세수 결손이 발생하고 2022년 2.7%, 2023년 1.4%로 경제성장률이 하락하였다. 고물가, 고금리, 고환율의 3고 현상이 심화되었고, 급기야 2024년 12월 계엄 선포로 인하여 국가신용도가 추락하고 경제는 더욱 어려워졌다.

노인, 아동, 청소년, 장애인 등 사회적 약자를 위한 예산은 삭감

된 반면, 부자 감세와 법인세 인하 등 기득권층에 유리한 정책이 추진되었다. 이태원 참사 사고 처리에 무책임하게 대응하였으며, 국민 안전 보장에 미흡하였다. 의료개혁을 졸속으로 추진하여 의료 공백으로 인한 의료대란이 1년 넘게 지속되어 국민의 불안과 불편이 심각한 수준에 이르렀으나 의료계와 무한 대립하기만 하였다.

극우 인사들을 등용하고 그들의 이념을 받아들여 홍범도 장군 흉상 이전, 건국절 논란 등 불필요한 이념 논쟁을 일으켰으며, 이로 인하여 중도층의 지지가 더욱 빠르게 하락하고 보수 대 진보의 갈등이 더욱 확대되었다.

종합하면 대통령 선거 당시에 보수와 중도를 아우르는 정책을 추진하겠다고 공약하였으나, 집권 이후에 급속하게 극우화하면서 편향된 정책만을 추진하였다. 의료대란에서 나타났듯이 자신이 잘 모르는 분야에 대하여 편향된 일부 정보만을 갖고 명확한 근거나 설명도 없이 강압적으로 정책을 집행하여 아무런 성과도 거두지 못하고 사회 혼란만 야기하였다.

정치·외교·안보 분야

한·미·일 동맹 강화를 명분으로 미국과 일본에 많은 것을 양보하였으나 국익 차원에서 실리를 제대로 챙긴 것이 거의 없으며, 대북 강경책 일변도로 한반도 긴장감만 높였다.

김건희 특검법에 네 차례나 거부권을 행사하여 국민 의혹만을 증폭시켰다. 또 대통령실 이전 등 국가 정책 결정이나 인사 문제에서 미신이나 점쟁이의 말에 의존한다는 의혹이 제기되면서 정부 정책에 대한 신뢰도가 떨어졌다.

정부가 정책 수행에 어려움을 겪는 건 야당의 비협조와 방해 때문이라고 주장하며 급기야 소수의 측근과 모의하여 비상계엄을 선포하였다. 계엄령은 사유와 내용 모두에서 반헌법적인 헌정 중단 시도였으며 국민 저항에 부딪혀서 실패하였다. 이후 국회에서 탄핵소추안이 통과되고 헌법재판소에서 탄핵이 인용되면서 대통령직에서 파면되었다.

종합하면 정치·외교 분야에 대한 이해가 매우 부족한 상태에서 왜곡된 정보와 신념에 의존하여 국가 위기 상황을 불러왔다. 임기 내내 반대편을 적으로 간주하여 타협과 협력 없이 대결하려고만 하였고, 비상계엄 선포로 한국의 국제적 위상과 신용도를 추락시켰으며, 한국의 민주주의를 위기 상황으로 몰고 갔다.

4. 정치적 자질 평가

○ **시대정신:** 국민 화합과 양극화 해소, 신성장 동력의 창출이 시대정신이라고 할 수 있지만 이와 관련한 비전이나 방향을 제대로 제시한 것이 없다. 정치 철학이 부재하고 모든 것을 법률적 잣대로만

바라보면서 이슈에 접근하는 수준이다. 역사 인식이 구시대에 머물러 있고 국제정세에 대한 이해와 지식이 부족하여 제대로 상황을 파악하지 못하면서 일부 극우 인사들의 왜곡된 진영 논리에 매몰되었다.

○ **국정비전:** 4대 개혁을 강조하며 중점 추진 과제를 제시하긴 했으나 국정비전에 대한 이해와 방법론이 부족하였고, 극소수 참모의 조언을 듣고 이분법적으로 접근하고 판단한 것으로 보인다. 의료개혁에서 나타났듯이 밀어붙이는 식으로 정책을 추진하여 많은 문제점과 혼란만 야기하였다. 거시적인 사고를 하지 못하고 단편적으로 모든 사안을 처리하여 제대로 추진된 정책이 없다.

○ **도덕성:** 개인 비리나 부패는 없지만 부인 김건희가 여러 가지 비리와 권력남용을 저질렀다는 의혹이 제기되었다. 무엇보다도 비상계엄 선포라는 비상식적 권력남용으로 인하여 한국의 민주주의를 후퇴시키고 수많은 국민에게 혼란과 좌절감을 준 것으로 볼 때 이 부분은 매우 미흡하다고 평가할 수 있다.

5. 리더십 역량 평가

○ **인지 영역:** 검사 출신으로서 모든 사안에 대하여 흑백의 이분법적 사고를 하는 경향이 강해서 종합적이고 거시적인 사고력과 핵심 파악 능력이 취약하다. 정무 감각이 부족하며, 법률과 관련한 전문성은 높으나 경제, 외교 등에 대한 이해도는 미흡한 것으로 판단된다. 학습 능력이 낮은 것으로 보인다.

> **-통찰력**(2.5): 의료대란과 비상계엄 선포에서 나타났듯이 정치, 경제, 사회 분야의 복잡한 문제에 대한 이해력과 판단력이 떨어지고, 일부 자료나 왜곡된 정보에 의존하여 단순하게 사고하고 판단하는 수준으로 보인다.
>
> **-변화혁신**(2.0): 빠르게 변화하는 상황을 제대로 이해하지 못하며, 자신이 속한 조직의 문제점이나 개선점에 대한 고민을 깊이 하지 않는 것으로 보인다. 비상계엄 선포와 이념 논쟁을 하는 것에서 알 수 있듯이 21세기 시대 상황이나 국민의 욕구와 수준을 파악하지 못하고 1980년대 수준의 사고로 판단하는 경향이 강하다.
>
> **-의사결정**(2.5): 비상계엄과 의대정원 증원에서 보듯

이 신속하고 과감하게 의사결정을 하긴 하지만, 다양한 정보를 분석하거나 의견 수렴을 제대로 하지 않은 상황에서 편향되고 단편적인 정보를 갖고 감정적으로 결정한다.

-국제외교감각(2.0): 기본적으로 국제정세와 외교의 속성에 대한 이해가 부족한 것으로 보이며, 실리적인 차원에서 국익을 우선 챙기기보다 일부 참모의 의견을 듣고 미국과 일본 중심의 편향된 외교를 진행하였다.

○ **업무 영역:** 문제가 발생하면 책임감을 갖고 반드시 해결하려는 의지는 강한 것으로 보인다. 단 목표 달성에만 집중하여 절차적 중요성을 무시하거나 비합리적인 방법으로 추진하는 경향이 많이 나타난다. 사전에 충분한 협의와 숙고를 거치지 않고 감정적이고 즉흥적으로 진행하는 면이 강해서 성과가 나는 경우가 많지 않다.

-문제해결(2.0): 문제가 발생하면 신속하게 해결책을 제시하고 추진하는 면은 있다. 하지만 문제의 원인이나 이해관계자들의 입장을 고민하지 않고 단편적으로 대처하는 타입이라 효과적인 해결 방안을 제시하는 능력이 떨어진다.

-추진력(3.5): 과업에 열정을 가지고 신속하게 추진하는 면은 강한 것으로 평가할 수 있다. 또한 의사결정을 하면 좌고우면하지 않고 결과가 나올 때까지 일부 반대가 있더라도 밀어붙이는 모습이 나타난다. 단 사전 협의나 고민이 부족하고 진행 과정에서 피드백도 받지 않아서 기대한 성과를 얻는 데는 한계가 있다.

-조직관리(2.5): 리더로서 부하들에게 어느 정도 권한을 위임하면서 조직을 관리하는 면은 양호하게 나타난다. 하지만 역량이 부족한 참모에게 과한 업무를 맡기고 방관하는 경향이 자주 나타나는 등 과업에 맞게 인재를 등용하고 관리하는 면은 부족해 보인다. 자질과 역량보다 충성심을 중요하게 생각하는 것으로 판단된다.

○ **관계감성 영역:** 자기중심적 성향이 강하고 자기성찰을 하지 않는 전형적인 시골 골목대장 타입이다. 자신감과 친화력이 높지만, 공감 능력과 대인 이해력은 낮은 것으로 보인다.

-공감소통(2.0): 스스로 똑똑하다 생각하고 자기중심적 성향이 강해서 상대방 의견이나 입장에 별 관심이

없으며 혼자 말하고 주도하는 것을 좋아한다. 국무회의나 참모들과의 회의에서도 의견을 듣기보다 대부분의 시간 동안 혼자 말하는 것으로 알려졌다. 국민의 다양한 의견을 수렴하려고 하지 않았으며 자기 의견에 반대하는 사람을 배척하였다.

-자기확신(3.5): 검찰총장 시절 대통령과 장관에게 항명하고, 대통령이 되어서도 주변의 반대나 만류에도 불구하고 비상계엄을 밀어붙이는 등 자기확신은 높아 보인다. 그러나 의견 수렴과 자기성찰이 부족하여 잘못된 결과를 불러온 경우가 많다. 사람에게 충성하지 않는다더니 대통령이 된 이후에는 충성심이 중요하다고 하는 등 일관성과 기준이 없어서 자신감이라기보다는 고집으로 보이기도 한다.

-관계관리(2.0): 일상적인 수준에서 주변 사람들과 격의 없이 어울리고 관계하는 면은 양호한 것으로 보인다. 그러나 정치나 정책과 관련해서 반대편을 인정하고 협력하는 부분이 매우 부족하다. 국정을 책임진 지도자로서 원만한 관계관리나 상호협력에 한계가 있다고 평가할 수 있다.

6. 총평

기본적 정책 노선은 친미, 친일, 반북의 강성 우파로 분류할 수 있다.

검찰 지검장에서 갑자기 검찰총장이 되고 바로 대통령에 당선하여서 대통령 직무수행에 대한 준비가 전혀 되어 있지 않았다. 정치와 이념에 대한 이해가 부족하고 모든 것을 단순하게 흑백논리로 바라보는 검사의 성향으로 일관하였다. 대통령 선거 시절 보수와 중도를 포용하겠다고 하였으나 취임 후 강성우파 내지는 극우파의 주장에 동조하여 편향적인 정책을 추진하였으며, 그로 인하여 국론 분열과 자신을 지지한 중도층의 이탈을 불러왔다. 공적 언론이나 사법부의 판단보다 극우 유튜버의 말을 믿고 무모한 행동을 할 정도로 정치·사회적 안목과 판단력이 빈약한 수준이다.

외향적이고 주도적인 성향이며 나서기를 좋아한다. 분석적이고 체계적인 사고력이 약하고 즉흥적이고 감정적으로 결정하고 행동하는 면이 강하다. 보스 기질이 강해서 주변 사람들로부터 인정받고 소위 '폼 잡는' 것을 좋아하며, 자신의 권위가 도전받거나 침해되는 것을 참지 못한다. 문제가 있거나 능력이 부족하더라도 충성을 바치는 부하를 우선하여 챙겨서 인사 관리에 문제가 많았다. 공감 능력이 부족하고 자기중심적인 사고가 강해서 자신의 발언이나 행동이 어떤 영향을 끼칠 것인지 생각하지 않고 좌충우돌하였다.

추진력과 자기확신이 높은데 통찰력, 변화혁신 능력, 공감소통 능력이 낮아서 리더십이 부정적으로 발휘되었으며, 그 대표적인 사례가 의료대란과 비상계엄이다.

대통령으로서의 업적 중에서 공은 굳이 뽑으라면 한·미·일 공조 강화이고, 과는 1) 비상계엄 선포로 인한 민주주의 퇴행, 2) 팬덤정치와 이념 논쟁 강화, 3) 경기침체와 의료대란 등인데, 세 가지 모두 윤석열 개인의 가치관과 역량에 기인한다고 볼 수 있다.

4장

어떤 대통령이
좋은 대통령인가

이제까지 정치적 자질과 리더십 역량을 기준으로 역대 한국 대통령 11명에 대하여 살펴보았다. 그 결과를 종합해 다음 표로 정리하였다. 누가 더 대통령으로서 적합한 자질과 역량을 가지고 있었으며, 누구는 어떤 면에서 부족했는지 한눈에 살펴볼 수 있을 것이다.

이를 기반으로 이번 장에서는 역대 대통령 중 우수한 대통령과 보통 이상의 양호한 대통령, 그리고 부족한 대통령이 누구였으며, 각각 어떤 공통점과 특징이 있는지 살펴보겠다. 이를 통해서 대통령이 성공하기 위해서는 어떤 자질과 역량이 필요하며, 무엇을 해야 하고 무엇을 하지 말아야 할지를 알아볼 것이다. 또한 국민의 달라진 욕구와 변화한 시대 상황에 맞추어 국가 지도자에게 요구되는 정치적 자질과 리더십 역량은 무엇인지도 살펴보겠다.

역대 대통령 종합 평가표

정치적 자질 평가

	시대정신	국정비전	도덕성
이승만	보통	보통	미흡
박정희	우수	우수	미흡
전두환	**부족**	미흡	**부족**
노태우	**부족**	미흡	**부족**
김영삼	우수	보통	우수
김대중	우수	우수	우수
노무현	우수	보통	우수
이명박	미흡	미흡	**부족**
박근혜	**부족**	미흡	미흡
문재인	보통	보통	우수
윤석열	미흡	보통	미흡

리더십 역량 평가

	인지 영역 (thinking)				업무 영역 (working)			관계감성 영역 (relating)		
	통찰력	변화혁신	의사결정	국제외교	문제해결	추진력	조직관리	공감소통	자기확신	관계관리
이승만	3.5	2.0	3.0	4.5	2.5	3.5	1.5	1.0	4.0	2.0
박정희	4.0	3.5	4.0	2.0	4.0	4.5	3.5	2.0	4.0	1.5
전두환	3.5	2.0	4.0	2.5	3.5	4.5	4.5	1.5	4.0	2.5
노태우	2.5	2.5	2.0	2.5	2.5	2.0	2.5	2.0	3.0	2.0
김영삼	3.5	2.0	3.5	2.0	3.0	4.5	3.5	2.5	4.0	2.0
김대중	4.0	3.5	4.0	3.5	3.5	3.5	2.5	3.0	4.0	3.5
노무현	3.0	4.5	2.5	2.5	2.5	3.5	2.0	4.0	4.0	2.5
이명박	2.5	2.0	3.0	2.5	2.5	4.0	2.0	2.0	3.5	2.5
박근혜	2.0	1.5	1.5	1.5	1.5	2.0	1.0	1.0	3.0	1.0
문재인	3.0	2.0	2.0	2.0	2.0	3.0	1.5	2.5	3.5	1.5
윤석열	2.5	2.0	2.5	2.0	2.0	3.5	2.5	2.0	3.5	2.0
평균	3.09	2.50	2.91	2.50	2.68	3.50	2.45	2.14	3.68	2.09

리더십 역량 간략 평가

	인지 영역	업무 영역	관계감성 영역	평균
이승만	3.25	2.50	2.33	2.69
박정희	3.38	4.00	2.50	3.29
전두환	3.00	4.17	2.67	3.28
노태우	2.38	2.33	2.33	2.35
김영삼	2.75	3.67	2.83	3.08
김대중	3.75	3.17	3.50	3.47
노무현	3.13	2.67	3.50	3.10
이명박	2.50	2.83	2.67	2.67
박근혜	1.63	1.50	1.67	1.60
문재인	2.25	2.17	2.50	2.31
윤석열	2.25	2.67	2.50	2.47
평균	2.75	2.88	2.64	2.76

1. 역대 대통령 종합 평가

우수한 대통령

김대중과 박정희는 우수한 대통령으로 분류할 수 있다.

두 사람은 시대정신과 국정비전이 정확하고 확실했다. 김대중은 IMF사태를 맞아 위기 극복과 재도약이라는 시대정신을 정확하게 인식하고 국정비전을 제대로 설정하고 추진하였다. 박정희 역시 조국 근대화와 경제발전이라는 시대정신에 따라 국정비전을 제시하고 실행하였다.

리더십 역량도 다수가 우수한 것 이상으로 나타난다. 김대중은 조직관리, 공감소통을 제외한 8개 역량이 탁월하거나 우수하고, 박정희는 국제외교감각, 공감소통, 관계관리 3개 역량이 미흡하고 6개가 탁월하거나 우수하다. 둘 다 통찰력, 의사결정, 자기확신이 탁월한데 이런 역량을 갖춘 지도자는 상황 분석과 핵심 파악을 정확히 하며 성공할 수 있다는 확신을 갖고 합리적인 의사결정을 할 수 있다. 또한 문제해결과 추진력이 매우 우수하여 해결 방안을 적극적으로 추진하여 성과를 얻을 가능성이 높다.

둘의 가장 큰 차이는 도덕성 부문에서 난다. 두 명 다 개인 비리 부문은 양호하지만, 박정희는 민주주의를 억누르고 인권을 탄압하여 도덕성에 부족함이 있다. 반면 김대중은 민주주의 수호와 인권 보호에서 우수했다. 리더십 역량에서는 김대중은 공감소통과 관계관리가 보통 이상인 반면에 박정희는 미흡한데, 이 차이점 때문에 두 사람의 리더십에서 긍정적인 면과 부정적인 면이 다르게 발휘되었다.

양호한 대통령

보통 이상의 양호한 대통령은, 정치적 자질이 기본적으로 우수하고 리더십 역량은 비교적 양호하게 나타난다. 노무현과 김영삼이 이 그룹에 속한다.

김영삼은 정치적 자질 측면에서 군사정권 청산과 민주주의의 정착이라는 시대정신을 올바르게 인식하고 있었다. 국정비전은 정치개혁 부문에서는 양호했으나 경제·사회 부문은 보통으로 볼 수 있다. 도덕성 부문에서는 개인 비리가 없고 민주주의 수호와 인권 보호에서 우수한 것으로 나타난다. 리더십 역량에서는 비교적 양호한 역량을 보유하고 있으며 역량 간에 편차가 큰 편이다. 업무 영역이 우수하고 관계감성 영역과 인지 영역은 보통으로 나타난다.

노무현은 정치적 자질 측면에서 권위주의 정치 청산과 글로벌 스탠더드 적응이라는 시대정신을 올바르게 인식하고 있었다. 국정비전은 방향과 목표는 어느 정도 제시했으나 구체적인 방법론이 부족하여 원하는 성과를 제대로 얻는 데 한계가 있었다. 도덕성 부문에서는 개인 비리가 없고 인권 보호에서 우수한 것으로 나타난다. 리더십 역량에서는 비교적 양호한 역량을 보유하고 있으며 역량 간에 편차가 큰 편이다. 관계감성 영역과 인지 영역이 우수하고 업무 영역이 보통으로 나타난다.

부족한 대통령

보통 이하의 부족한 대통령은 정치적 자질이 보통이거나 부족한 것으로 나타나고 있다. 이승만과 전두환을 제외하고 다른 대통령들은 리더십 역량 중에서 우수하거나 양호한 것이 없고 대부분 미흡하거나 부족하다. 이승만, 전두환, 노태우, 이명박, 박근혜, 문재인, 윤석열이 이 그룹에 속한다.

이승만은 정치적 자질에서 시대정신은 자유민주주의 정부 수립과 관련해서는 올바르고 정확하게 갖고 있었으나 식민 잔재 청산과 관련해서는 부족하였다. 국정비전은 방향과 목표가 다소 막연한 면이 있고 구체적인 방법론도 부족하였다. 도덕성 부문은 개인 비리는 없으나 민주주의 수호와 인권 보호에서 부족한 것으로 나타난다. 리더십 역량은 보통으로 보이며, 인지 영역이 우수하고 관계감성 영역이 낮게 나타난다.

전두환은 정치적 자질에서 시대정신은 전혀 없는 것으로 보이고 국정비전도 준비된 것이 없다고 할 수 있다. 도덕성 부문도 민주주의 수호와 인권 보호 및 개인 비리에 모두 최하로 나타난다. 대통령으로서 기본 자격이 없다고 평가할 수 있다. 반면에 리더십 역량은 우수하게 나타난다. 역량 간 차이가 비교적 큰데, 업무 영역이 매우 높고 인지 영역은 비교적 양호하며 관계감성 영역이 보통으로 나타난다.

노태우는 정치적 자질에서 시대정신을 제대로 이해하지 못하고 국정비전도 미흡했다고 볼 수 있다. 도덕성 부문은 민주주의 수호와 인권 보호에서 부족하고 개인 비리는 최악으로 볼 수 있다. 그 역시 대통령으로서 기본 자격이 부족했다고 평가할 수 있다. 리더십 역량은 미흡하며 역량 간 차이가 크지 않고 대부분 비슷하게 나타난다.

이명박은 정치적 자질에서 시대정신을 올바르게 이해하지 못하고 국정비전에서 방향과 목표가 명확하지 않았다. 도덕성 부문은 개인 비리에서 매우 부족한 것으로 나타난다. 리더십 역량은 보통으로 보이는데, 업무 영역이 상대적으로 높고 관계감성 영역과 인지 영역이 상대적으로 낮게 나타난다.

박근혜는 정치적 자질이 매우 부족한 것으로 보인다. 시대정신을 이해하지 못하였으며, 국정비전은 방향과 목표가 명확하지도 않고 구체적인 방법론도 부족하였다. 도덕성 부문은 인권 보호와 개인 비리에서 모두 미흡하였다. 리더십 역량 측면에서 자기확신을 제외한 모든 영역에서 역량이 부족해 보인다. 리더십 역량 측면에서는 역대 대통령 중에서 가장 무능하다고 평가할 수 있다.

문재인은 정치적 자질에서 시대정신은 일부 올바르게 갖고 있었으나 진영 논리에 집착하여 국민 화합에 대한 인식이 부족하였다. 국정비전은 나름 일관되게 제시한 면은 있으나, 방향과 목표가 명확하지 않고 국민의 공감과 이해를 구하지 못하였으며 구체적인 방법론도 부족하였다. 도덕성 부문은 인권 보호와 개인 비리에서 모두 비교적 우수한 것으로 나타난다. 리더십 역량은 미흡하며 역량 간 차이가 없고 자기확신을 제외한 대부분의 개별 역량이 보통이거나 미흡하다.

윤석열은 정치적 자질에서 시대정신을 제대로 이해하지 못하였다. 국정비전은 나름 일부 제시한 것은 있으나 방향과 목표가 명확하지 않고 구체적인 방법론도 부족하였다. 도덕성 부문은 비상계엄 선포와 탄핵에서 나타났듯이 민주주의 수호와 인권 보호에 대한 인식이 매우 부족한 것으로 볼 수 있고 개인 비리에서는 무난해 보인다. 리더십 역량은 미흡하며, 추진력과 자기확신을 제외한 대부분의 개별 역량이 보통이거나 미흡하다.

부족한 대통령들은 리더십 역량에서 변화혁신, 공감소통, 관계관리가 미흡하거나 부족하다는 특징이 공통적으로 나타난다. 그래서 시대 변화나 국민의 욕구 변화를 파악하지 못하였고, 다양한 사람들을 만나는 대신 아부하는 측근들의 의견만 듣고서 잘못된 의사결정과 정책을 집행하는 경우가 많았으며, 심지어 과거로 회귀하는 반동적인 정치 행태를 보인 대통령도 있었다.

한국 대통령들의 공통점

한국의 역대 대통령들은 공통적으로 자기확신, 추진력, 통찰력이 다른 역량에 비하여 높은 수준이다. 미국 대통령을 분석해도 비슷하게 해당 역량이 높게 나오는데, 어쩌면 이는 당연한 결과일 것이다. 전체적인 상황판단을 잘하고 성공에 대한 확신에 차서 강력하게 추진하는 역량은 최고 지도자에게 요구되는 기본 역량이기 때문이다. 이는 정치 지도자뿐 아니라 성공한 기업인에게서도 동일하게 나타난다.

이 세 가지 역량과 더불어 의사결정과 공감소통이 함께 높으면 긍정적으로 리더십이 발휘되는데, 김대중이 여기에 해당한다. 반대로 의사결정과 공감소통이 낮으면 리더십이 부정적으로 발휘되어 국민 의견을 무시하고 일방통행식으로 정책을 집행하여 국가 위기 상황을 초래하거나 국민의 혼란과 갈등을 부추길 가능성이 크다. 박근혜, 문재인, 윤석열이 여기에 해당한다고 볼 수 있다.

한국의 역대 대통령들은 공통적으로 조직관리, 공감소통, 관계관리가 다른 역량에 비하여 낮게 나타난다. 이는 과거 권위주의 시절에는 국민과의 소통이나 화합을 추구하기보다 카리스마 있는 지도자가 국민을 이끌고 경제성장을 달성하는 것이 더 요구되었기 때문일 것이다. 박정희와 전두환은 공감소통과 관계관리는 낮지만 조직관리가 높아서 권위주의 시절에는 리더십이 잘 발휘되었다고 볼 수 있다.

2. 실패한 대통령이 되지 않으려면

역대 대통령들을 살펴보면 국민의 지지를 잃고 몰락할 때 나타나는 공통적인 모습이 있다. 이러한 모습은 부족한 대통령뿐 아니라 양호하거나 우수한 대통령에게도 일부 나타난다.

개헌을 통한 장기 집권을 꿈꾸지 말라

이승만은 1952년 발췌 개헌과 1954년 사사오입 개헌을 통해, 박정희는 1969년 3선 개헌과 1972년 유신헌법을 통하여 종신 대통령이 되려고 시도하였다. 종신 집권을 위한 개헌 이후 두 사람의 리더십에 대한 평가는 이전과 완전히 달라진다. 개헌 이후 주변에 합리적이고 유능한 참모는 없어지고 기회주의자나 간신배들만 남았으며, 국민의 신뢰와 존경이 사라지면서 지지율은 추락하였다.

만약에 이승만이 사사오입 개헌을 하지 않고 중임만 하고서 1956년 퇴임하였다면 국부로서 후대에 존경받았을 것이다. 그는 초기 8년의 임기 동안 정부수립, 농지개혁, 초등학교 의무교육 시행, 한미상호방위조약 체결 등 훌륭한 업적을 이루었다. 그러나 1954년 개헌 이후 긍정적 업적은 하나도 없고 부정선거와 인권탄압, 경기침체 등 부정적 업적만 남았다.

만약에 박정희가 1972년 유신헌법 개헌을 하지 않았다면 한국 역사에서 가장 뛰어난 업적을 남긴 대통령으로 평가받았을 수 있다. 경제발전과 식량자급, 자주국방 등 긍정적인 업적은 대부분 유신헌법 이전에 달성한 것이다. 유신체제에서는 독재정치와 경제위기 등 대부분 부정적인 업적과 불행한 가족사만 남았다.

국민을 가르치지 말라

'국민의 집단지성은 어떤 지도자보다도 현명하다.'

한국 현대사에서 1950~1960년대에는 군대가 가장 선진화된 시스템을 갖춘 조직이었다. 이는 한국뿐 아니라 제2차 세계대전 이후 독립한 신생국의 공통된 특징인데(1950년 전후 중동에서도 국가운영 시스템이 제대로 된 나라는 영국의 영향을 받은 이스라엘과 요르단뿐이었다), 독립 직후 사회 전반적으로 문맹률이 매우 높은 상황에서 미국과 유럽의 선진 시스템을 배우고 경험한 조직은 군대가 유일하였기 때문이다. 이후 1970~1980년대에는 정부 조직이 선진화된 시스템을 갖추며 관료가 중심이 되어 경제발전을 이끌었으며, 1990년대부터는 민간 기업들이 글로벌 스탠더드를 경험하고 수용하면서 가장 선진화된 시스템을 운영하고 있다.

1970년대 이전에는 대통령이 국민을 계몽하거나 지도하고 이끄는 것이 가능했지만, 국민의 교육과 의식 수준이 높아지고 다양한 정보가 공개된 21세기 사회에서는 불가능하다. 국민을 계몽하거나 가르치려고 하는 순간 실패의 길로 들어선다. 대표적인 실패 사례가 이명박, 박근혜, 윤석열이다. 이명박은 과거처럼 단순한 건설

중심 경제성장 방식에 집착하였고, 박근혜와 윤석열은 한국사 국정교과서를 추진한 것처럼 획일화된 역사관을 국민에게 주입하려 하거나 건국절 논란에서처럼 기존의 역사 인식을 대체하려고 하였다. 국민들은 이에 반발했고, 두 대통령에 대한 지지율은 급격히 추락하였다.

코드인사 하지 말고 반대편을 적대시하지 말라

'대통령 당선을 도와준 측근과 지지 세력을 당선 후에는 멀리하라.'

소위 87년체제 이후에는 가장 높은 표를 받은 대통령도 득표율은 50% 남짓이었다. 바꿔서 얘기하면 국민의 반 정도는 현직 대통령을 지지하지 않았다. 그런데 당선자는 취임 이후 잠시 지지율이 오르면 온 국민이 자신을 지지하고 따를 것이라고 착각한다. 노무현 이래 팬덤정치가 본격 시작되면서 대통령들은 하나같이 상대편을 적으로 삼고 자신의 지지 세력에 기대어 안이하게 정책을 집행하였다. 임기 중 박근혜는 한 번도 제1야당 대표와 단독으로 만나지 않았고, 문재인과 윤석열은 형식적으로 한 번 만났다. 지지 세력만 보고서 반대편을 만나지 않고 코드인사만 하는 것은 대통령으로서 리더십과 정책수행에 대한 자신감이 없고 역량이 부족하다는 점을 스스로 인정한다는 증거이다.

노태우 시절에 여야가 가장 협조를 많이 하고 좋은 정책도 많이 나왔다고 한다. 여소야대 형국인 데다 노태우의 성향이 수동적

이어서 할 수 없이 여야가 협력을 많이 했고, 결과적으로 많은 민주적 제도와 정책들이 시행되었다. 김대중은 김종필의 자민련과 연합정권인 데다 IMF사태 극복과 남북문제 해결이 급선무여서 야당 대표와 여러 차례 회담하며 협조를 구했다. 나아가 그는 일면식도 없는 보수 출신 인사들을 청와대와 내각에 등용하는 한편, 자신의 직계인 동교동계 정치인들은 오히려 행정부와 청와대에 등용하지 않았다. 이런 통합 행보를 바탕으로 국민의 공감을 얻어서 국정운영에 힘을 받을 수 있었다.

가족, 친인척을 냉정하게 관리해라

가족과 친인척 혹은 측근들의 비리와 부패에서 자유로운 대통령은 하나도 없다. 과거에 비하여 비리 횟수도 줄고 규모도 작아졌지만, 아직도 한국 정치에는 비리와 부패라는 어두운 그림자가 드리워 있다.

이승만과 박정희는 가족과 친인척이 얽힌 비리 문제에서 자유롭다. 이승만은 가족이 없는 관계로 구조적으로 깨끗했지만, 측근들의 비리와 부패는 방관하였다. 박정희는 대통령이 된 뒤로 친척들에게 이권에 개입하지 말라고 경고하고 비서실에도 철저히 관리할 것을 지시했다고 한다.

전두환, 노태우, 이명박은 측근들은 물론 본인이 직접 비리와 부정 축재를 저지른 사람들이다. 수백억 원에서 수천억 원에 이르는 천문학적 금액을 수수하였으며, 결국 뇌물수수와 횡령 등의 혐의로 구속되어 징역형을 살았다. 이들은 대통령이라는 자리를 국가와 국민에 봉사하는 것이 아니라 일확천금을 얻을 수 있는 자리로 인식하였다. 김영삼, 김대중, 노무현, 윤석열은 본인은 깨끗하더라도 가족이 비리에 연루되어 국민에게 실망을 안겨주고 지지율이 급락하여 정책 수행에 큰 타격을 받았다.

자질과 역량이 부족하면 고집부리지 말라

"가만히 있으면 중간은 간다"라는 말이 있다. 잘 모르거나 자신이 없으면 무리해서 나서거나 강력하게 추진하지 않는 편이 더 낫다는 뜻이다. 이런 면에서 노태우는 미흡한 수준의 리더십 역량에 비하여 많은 성과를 냈다고 할 수 있다. 북방외교, 사회간접자본 확충 등 중요한 문제들에서 대세에 따르며 유능한 참모들의 조언을 받아들여 추진하면서 큰 성과를 창출하였다. 반대로 문재인과 윤석열은 리더십 역량은 노태우와 비슷하지만 진영 논리에 집착하여 고집을 부리며 편향된 정책을 강하게 추진한 탓에 제대로 성과를 거둔 것이 없으며, 오히려 국민 혼란과 갈등만 부추기고 말았다.

3. 21세기 대한민국이 요구하는
대통령은 누구인가?

21세기 국내외 환경이 급변하고 있다. 국제외교 측면에서 미국 중심의 1강체제에서 미국과 중국의 2강체제로 변하고 있다. 또 정치 이념보다 경제적 실리가 국가 운영의 핵심 과제가 되었다. 냉전체제의 붕괴와 함께 찾아온 경제적 세계화는 수출 중심 경제구조를 갖고 있는 한국에 유리하였으나, 트럼프의 등장으로 미국이 다시 보호무역주의로 돌아서면서 전 세계가 혼란의 시기를 맞고 있다. 사회적으로는 디지털 혁명으로 수많은 정보가 공개되고 공유되면서 일반 국민의 정치 참여가 다양한 형태로 확대되고 있으며, 분배와 복지에 대한 요구사항이 많아지면서 매우 복잡한 상황이 펼쳐지고 있다.

그렇다면 지금 시점에 지도자에게는 어떤 정치적 자질이 요구되는가? 시대정신은 미래 지향적인 개념이기 때문에 해당 시기에는 정답을 찾기가 어렵다. 국제환경의 변화 흐름과 국민의 욕구를 파악하여 예측할 뿐이며, 10~20년이 지난 후에야 어느 정도 확인 가능한 개념이다. 2025년 시점에 우리가 겪고 있는 주요 문제는 국민 갈등과 양극화, 경기침체와 저성장, 미래 먹거리와 양질의 일자리 부족일 것이다. 이런 맥락에서 미래 지향적인 관점으로 조심스럽게 시대정신을 고민해보면 1) 상대 의견을 존중하며 협력하는 국민 화합, 2) 양극화 해소와 일자리 창출을 통한 삶의 질 향상을 들수 있다.

국정비전 측면에서는 1) 디지털 혁명 시대에 맞는 경제·사회 시스템 구축과 운영, 2) 이념이 아닌 국익을 추구하는 균형 외교, 3) 외적인 경제성장보다 국민의 질적 생활 안정에 중점을 둔 국정 목표와 방법론 등이 요청된다.

도덕성 측면에서는 이제 민주주의 퇴행이나 인권 탄압은 거의 불가능한 사안이라고 볼 수 있으므로 평가 기준을 다른 선진국 수준으로 높이려는 노력이 필요하다. 1) 본인뿐 아니라 가족과 측근들의 비리와 부패 방지, 2) 대통령의 권한 남용 방지, 3) 사회적 약자에 대한 배려와 반대파에 대한 포용적 자세를 지금 시대 도덕성의 기준으로 들 수 있다.

시대정신과 도덕성은 대통령 자격의 기본조건으로서 양호한 수준 이상이 되어야 하고, 국정비전은 결정적인 차이 조건으로서 리더십 역량과 연결된다. 역대 대통령 사례에서 보듯이 시대정신과 도덕성이 미흡하거나 부족한 대통령은 리더십 역량이 우수하더라도 대부분 구속되거나 탄핵당하는 등 불행한 결말을 맞이했으며, 국가적으로도 혼란과 위기 상황을 불러일으켰다.

산업화 시대에서 디지털 혁명 시대로 변화하면서 지도자에게 요구되는 리더십 역량도 달라지고 있다. 산업화 시대에는 탁월한 역량을 갖고 있는 카리스마 넘치는 리더가 성공할 가능성이 높았다면, 디지털 시대에는 공감소통 역량이 우수한 소프트한 리더십이 더 필요해졌다.

　　지금 대통령에게 필수적으로 요구되는 역량은 통찰력, 의사결정, 조직관리, 공감소통이라고 할 수 있다. 이 네 가지 역량이 우수하면 국정 방향과 방법론을 정확하게 제시하여 국민 참여를 이끌면서, 정책이 체계적으로 집행되도록 인재를 활용하고 조직을 움직일 수 있다. 무엇보다도 이 네 가지 역량은 타인의 도움을 받기 어려운 역량이기 때문에 더욱 중요하다. 다른 역량은 본인이 부족하면 주변 사람들의 도움을 받아 메꿀 수 있지만, 이 네 가지 역량은 본인이 직접 갖추고 있어야 한다. 또 복잡해진 현대 사회에서 개인의 경험과 판단에만 의존한다면 금방 한계에 봉착하고 만다. 그보다는 변화를 수용하면서 소통하고 협력해야 성공할 가능성이 높다. 따라서 지도자에게는 변화혁신과 관계관리 역시 중요하다. 방금 언급한 여섯 가지 역량 중에서 조직관리, 공감소통, 변화관리는 역대 대부분의 한국 대통령들이 낮은 수준을 보였던 역량이지만 앞으로 대통령이 될 인물은 필수적으로 갖추어야 할 역량이다.

또다시 대통령을 뽑게 되었다. 다시는 불량한 대통령으로 인해서 국가 위기 상황이 발생하거나 국민 갈등이 증폭되어 혼란스러운 사회가 되지 말아야 한다. 훌륭한 정치적 자질과 탁월한 리더십 역량을 갖추고서 국민의 어려움을 이해하고 국민의 행복을 위해서 일하는 대통령, 위대한 국민에 어울리는 위대한 대통령이 나와서 대한민국을 이끌기 바란다. 그리고 퇴임 후 온 국민의 존경 속에 살아가는 대통령이 되기를. 이 책이 그런 대통령이 탄생할 수 있게 하는 작은 밑돌이 될 수 있다면, 글을 쓴 사람으로서 무한한 영광이겠다.

- 『HIGH PERFORMER 컴퍼턴시』, 헤이컨설팅그룹,
  시그마인사이트컴, 2006.
- 『꼴찌로 입사해도 일등으로 임원되기』, 신원철, 더 로드, 2016.
- 『대통령 경제사』, 김동호, HadA, 2023.
- 『대통령 리더십 총론』, 최진, 법문사, 2007.
- 『대통령과 통일정책』, 김창진, 문운당, 2019.
- 『대통령의 경제학』, 이장규, 기파랑, 2014.
- 『대통령의 성적표』, 찰스 파버 외, 김형곤 옮김, 혜안, 2003.
- 『대한민국 대통령들 휴먼스토리』, 박정기, 극동, 2022.
- 『대한민국 대통령들』, 강준식, 김영사, 2017.
- 『대한민국 대통령실록』, 박영규, 웅진지식하우스, 2022.
- 『대한민국 역대 정부 중요정책과 국정운영』, 행정연구원, 대영문화사, 2014.
- 『미국의 대통령: 미국 역사상 최상의 대통령과 최악의 대통령은 누구인가』,
  제임스 터랜토·레너드 레오, 최광열 옮김, 바움, 2009.
- 『선거로 읽는 한국정치사』, 김현성, 웅진지식하우스, 2021.
- 『시대정신과 한국대통령 리더십덕목』, 이종원, BG북갤러리, 2013.

- 『알기 쉬운 역량모델링』Lucia Anntoinette · Lepsinger Richard,
  정재창 · 민병모 옮김, PSI컨설팅, 2006.
- 『역사를 바꾼 리더십』, 제임스 맥그리거 번스, 조중빈 옮김,
  지식의 날개, 2008.
- 『위대한 대통령은 무엇이 다른가』, 프레드 그린슈타인,
  김기휘 옮김, 위즈덤하우스, 2000.
- 『한국의 대통령과 리더십』, 김호진, 청림, 2010.
- 『한국의 역대 대통령평가』, 한국대통령평가위원회 · 한국대통령학연구소,
  조선일보사, 2002.
- 『한국정당 정치사』, 심지연, 백산서당, 2022.
- 『한국현대정치사』, 안철현, 새로운사람들, 2015.
- 『한눈에 보는 청와대 대통령들』, 이재석, 울림사, 2023.
- 『핵심역량 핵심인재』, 이홍민 · 김종인, 리드리드, 2009.
- 『핵심역량모델의 개발과 활용』, Lyle Spenser · Signe Spenser,
  민병모 옮김, PSI컨설팅, 1998.

어떤 대통령이 좋은 대통령인가

2025년 5월 23일 초판 1쇄 발행

글 신원철
편집 이기선, 김희중 • **디자인** 쿠담디자인
펴낸곳 원더박스 • **펴낸이** 류지호
주소 (03173) 서울시 종로구 새문안로3길 30, 대우빌딩 911호
전화 02-720-1202 • **팩시밀리** 0303-3448-1202
출판등록 제2024-000122호(2012. 6. 27.)

ISBN 979-11-92953-52-6 (03340)

- 잘못된 책은 구입하신 서점에서 바꾸어 드립니다.
- 독자 여러분의 의견과 참여를 기다립니다.
  블로그 blog.naver.com/wonderbox13 • 이메일 wonderbox13@naver.com